JN441150

2nd Edition

다락원

일본어 독해

古賀万紀子・青木優子 공저

초급

다락원

• 머리말

・・・・・

本書は、初級段階の学習者のための総合型読解用教科書です。この教科書では、読むことに加え、本文の中で新しい文型や語彙を学び、書く練習や聞く練習を通してそれを身につけることを目指しています。

各課のトピックには、自転車や部活動、お弁当といった身近なものから、日本の昔話や歩きスマホ、消費税のような社会性のあるものまで、学習者の関心を引くために幅広いテーマを取り入れました。課の配列は基本的に、身近なテーマからより社会的・一般的なテーマへと並べてありますが、どの課から進めても構いません。授業の目的やカリキュラムに合わせて、自由に使ってください。

課の構成は、導入部(課のタイトル・説明・主要文型)、本文、読解問題、本文中の単語や表現一覧、文型練習(説明・例文・単語や表現)、文法練習問題、会話文(聴解問題)となっています。文型説明や単語説明には韓国語での説明や対訳が付いていますから、初級の学習者も、それを参考にしながら問題に取り組むことができます。また、会話文では友人や同僚同士での会話を想定し、話し言葉やくだけた表現も多く使っています。

楽しみながら学習することができるよう、さまざまな工夫の詰まった一冊です。この教科書が韓国の学習者たちの日本語学習、そして日本語教育にとっての一助となることを願います。最後に、本書の編集・出版にあたりご尽力いただいた多楽園の皆様に、心より感謝申し上げます。

2026年 1月

著者一同

본 교재는 초급 단계의 학습자를 위한 종합형 독해 교재입니다. 이 교재에서는 읽는 것에 더하여, 본문 안에서 새로운 문형이나 어휘를 공부하고, 쓰는 연습이나 듣는 연습을 통해 그것을 익히는 것을 목적으로 하고 있습니다.

각 과의 토픽에는 자전거나 동아리 활동, 도시락과 같은 우리 생활에 가까운 주제부터, 일본의 옛날이야기나 보행 중 스마트폰 사용, 소비세와 같은 사회적 성격의 주제까지, 학습자의 관심을 끌기 위해서 폭넓은 테마를 도입하였습니다. 과의 배열은 기본적으로 우리 생활과 가까운 테마부터 보다 사회적이고 일반적인 테마로 나열되어 있습니다만, 어느 과부터 시작해도 상관없습니다. 수업의 목적이나 커리큘럼에 맞추어 자유롭게 사용해 주세요.

과의 구성은 도입부(과의 표제·설명·주요문형), 본문, 독해문제, 본문 안의 단어나 표현 일람, 문형연습(설명·예문·단어나 표현), 문법 연습문제, 회화문(청해문제)으로 되어 있습니다. 문형 설명이나 단어 설명에는 한국어로 된 설명이나 대역이 달려 있기 때문에, 초급 학습자도 그것을 참고로 하면서 문제에 임할 수 있습니다. 또한 회화문에서는 친구나 동료끼리의 대화를 상정하여 회화체나 반말체 표현도 많이 사용하고 있습니다.

즐겁게 학습할 수 있도록 다양한 연구가 집약된 교재입니다. 이 교재가 한국 학습자들의 일본어학습, 그리고 일본어 교육에 있어서 일조가 되기를 바랍니다. 마지막으로 본서의 편집·출판에 있어 힘써 주신 다락원의 관계자 여러분께 진심으로 감사드립니다.

2026년 1월
저자 일동

차례

이 책의 구성과 특징

「다락원 일본어 독해 -초급-」은 총 20과로 구성되어 있으며, 각 과에는 주요문형/본문/독해문제/문형연습/연습문제/회화로 이루어져 있습니다.

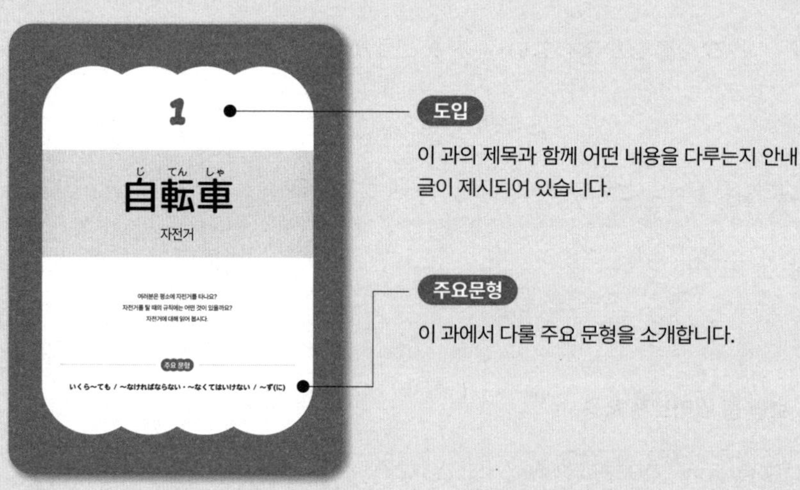

도입

이 과의 제목과 함께 어떤 내용을 다루는지 안내 글이 제시되어 있습니다.

주요문형

이 과에서 다룰 주요 문형을 소개합니다.

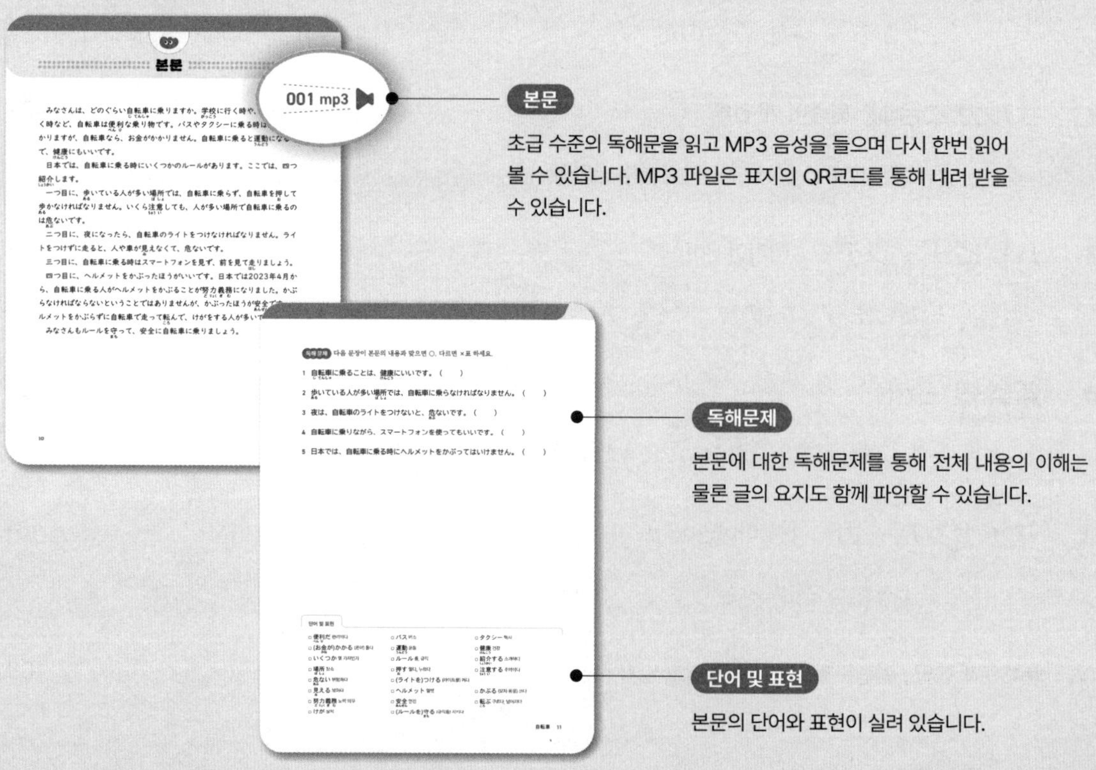

본문

초급 수준의 독해문을 읽고 MP3 음성을 들으며 다시 한번 읽어 볼 수 있습니다. MP3 파일은 표지의 QR코드를 통해 내려 받을 수 있습니다.

독해문제

본문에 대한 독해문제를 통해 전체 내용의 이해는 물론 글의 요지도 함께 파악할 수 있습니다.

단어 및 표현

본문의 단어와 표현이 실려 있습니다.

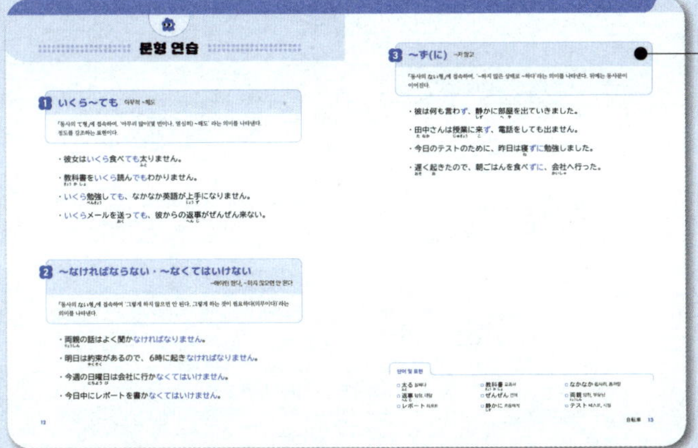

문형연습

초급 수준에 해당하는 일본어능력시험 N3~N4문형을 본문에서 뽑아 설명하고 있습니다. 여러 예문을 통해 문형의 쓰임새를 이해할 수 있습니다.

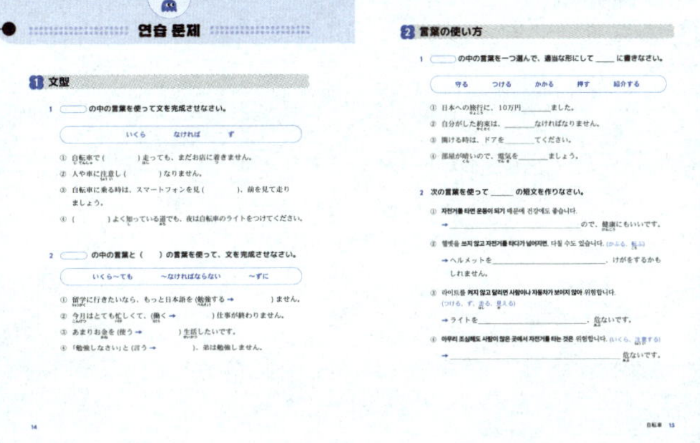

연습문제

〈문형〉과 〈단어의 쓰임새〉로 파트를 나누어 앞에서 다룬 문형과 단어를 활용할 수 있는지 문제를 통해 확인할 수 있습니다.

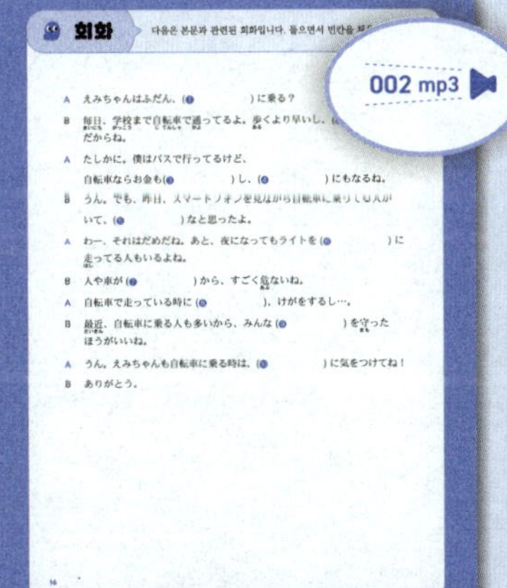

회화

본문에서 다룬 주제에 맞는 회화를 들어 보는 코너입니다. 음성을 들으면서 빈칸을 채운 후 다시 한번 들으면서 전체 내용을 이해해 봅시다.

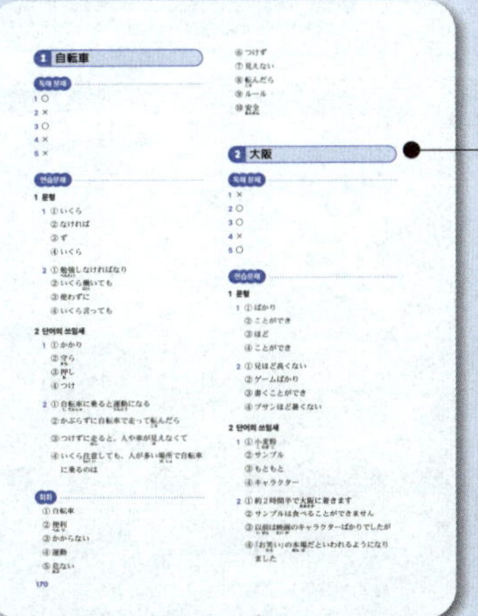

부록

본문의 독해문제, 연습문제, 회화의 정답이 실려 있습니다.

※ 작문의 특성상 여러 가지 답이 나올 수 있으나, 여기에서는 본문을 기준으로 합니다.

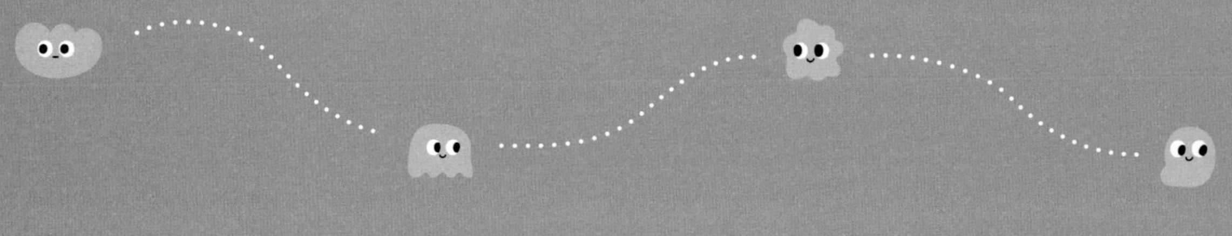

1

自転車(じてんしゃ)

자전거

여러분은 평소에 자전거를 타나요?
자전거를 탈 때의 규칙에는 어떤 것이 있을까요?
자전거에 대해 읽어 봅시다.

주요 문형

いくら～ても / ～なければならない・～なくてはいけない / ～ず(に)

본문

001 mp3

みなさんは、どのぐらい自転車(じてんしゃ)に乗りますか。学校(がっこう)に行く時や、買い物に行く時など、自転車は便利(べんり)な乗り物です。バスやタクシーに乗る時はお金(かね)がかかりますが、自転車なら、お金がかかりません。自転車に乗ると運動(うんどう)になるので、健康(けんこう)にもいいです。

日本では、自転車に乗る時にいくつかのルールがあります。ここでは、四つ紹介(しょうかい)します。

一つ目に、歩(ある)いている人が多い場所(ばしょ)では、自転車に乗らず、自転車を押(お)して歩(ある)かなければなりません。いくら注意(ちゅうい)しても、人が多い場所で自転車に乗るのは危(あぶ)ないです。

二つ目に、夜になったら、自転車のライトをつけなければなりません。ライトをつけずに走ると、人や車が見(み)えなくて、危ないです。

三つ目に、自転車に乗る時はスマートフォンを見ず、前を見て走(はし)りましょう。

四つ目に、ヘルメットをかぶったほうがいいです。日本では2023年4月から、自転車に乗る人がヘルメットをかぶることが努力義務(どりょくぎむ)になりました。かぶらなければならないということではありませんが、かぶったほうが安全(あんぜん)です。ヘルメットをかぶらずに自転車で走って転(ころ)んで、けがをする人が多いです。

みなさんもルールを守(まも)って、安全に自転車に乗りましょう。

독해 문제 다음 문장이 본문의 내용과 맞으면 ○, 다르면 ×표 하세요.

1 自転車(じてんしゃ)に乗ることは、健康(けんこう)にいいです。（　　）

2 歩(ある)いている人が多い場所(ばしょ)では、自転車に乗らなければなりません。（　　）

3 夜は、自転車のライトをつけないと、危(あぶ)ないです。（　　）

4 自転車に乗りながら、スマートフォンを使ってもいいです。（　　）

5 日本では、自転車に乗る時にヘルメットをかぶってはいけません。（　　）

단어 및 표현

- □ 便利(べんり)だ 편리하다
- □ (お金(かね)が)かかる (돈이) 들다
- □ いくつか 몇 가지인가
- □ 場所(ばしょ) 장소
- □ 危(あぶ)ない 위험하다
- □ 見(み)える 보이다
- □ 努力義務(どりょくぎむ) 노력 의무
- □ けが 상처
- □ バス 버스
- □ 運動(うんどう) 운동
- □ ルール 룰, 규칙
- □ 押(お)す 밀다, 누르다
- □ (ライトを)つける (라이트를) 켜다
- □ ヘルメット 헬멧
- □ 安全(あんぜん) 안전
- □ (ルールを)守(まも)る (규칙을) 지키다
- □ タクシー 택시
- □ 健康(けんこう) 건강
- □ 紹介(しょうかい)する 소개하다
- □ 注意(ちゅうい)する 주의하다
- □ かぶる (모자 등을) 쓰다
- □ 転(ころ)ぶ 구르다, 넘어지다

문형 연습

1 いくら～ても 아무리 ~해도

「동사의 て형」에 접속하여, '아무리 많이(몇 번이나, 열심히) ~해도' 라는 의미를 나타낸다. 정도를 강조하는 표현이다.

- 彼女はいくら食べても太(ふと)りません。
- 教科書(きょうかしょ)をいくら読んでもわかりません。
- いくら勉強(べんきょう)しても、なかなか英語が上手(じょうず)になりません。
- いくらメールを送(おく)っても、彼からの返事(へんじ)がぜんぜん来ない。

2 ～なければならない・～なくてはいけない

~해야만 한다, ~하지 않으면 안 된다

「동사의 ない형」에 접속하여 '그렇게 하지 않으면 안 된다, 그렇게 하는 것이 필요하다(의무이다)' 라는 의미를 나타낸다.

- 両親(りょうしん)の話はよく聞かなければなりません。
- 明日は約束(やくそく)があるので、6時に起きなければなりません。
- 今週の日曜日(にちようび)は会社に行かなくてはいけません。
- 今日中にレポートを書かなくてはいけません。

3 ～ず(に) ~지 않고

「동사의 ない형」에 접속하여, '~하지 않은 상태로 ~하다'라는 의미를 나타낸다. 뒤에는 동사문이 이어진다.

・彼は何も言わず、静(しず)かに部屋(へや)を出ていきました。

・田中(たなか)さんは授業(じゅぎょう)に来(こ)ず、電話をしても出ません。

・今日のテストのために、昨日は寝(ね)ずに勉強しました。

・遅(おそ)く起(お)きたので、朝ごはんを食べずに、会社(かいしゃ)へ行った。

단어 및 표현

- 太(ふと)る 살찌다
- 返事(へんじ) 답장, 대답
- レポート 리포트
- 教科書(きょうかしょ) 교과서
- ぜんぜん 전혀
- 静(しず)かに 조용하게
- なかなか 쉽사리, 좀처럼
- 両親(りょうしん) 양친, 부모님
- テスト 테스트, 시험

연습 문제

1 文型

1 （　　） の中の言葉を使って文を完成させなさい。

いくら　　なければ　　ず

① 自転車で（　　　）走っても、まだお店に着きません。

② 人や車に注意し（　　　）なりません。

③ 自転車に乗る時は、スマートフォンを見（　　　）、前を見て走りましょう。

④（　　　）よく知っている道でも、夜は自転車のライトをつけてください。

2 （　　） の中の言葉と（　　）の言葉を使って、文を完成させなさい。

いくら〜ても　　〜なければならない　　〜ずに

① 留学に行きたいなら、もっと日本語を（勉強する ➡　　　）ません。

② 今月はとても忙しくて、（働く ➡　　　）仕事が終わりません。

③ あまりお金を（使う ➡　　　）生活したいです。

④「勉強しなさい」と（言う ➡　　　）、弟は勉強しません。

2 言葉の使い方

1 ［　　　］の中の言葉を一つ選んで、適当な形にして ＿＿＿ に書きなさい。

守る	つける	かかる	押す	紹介する

① 日本への旅行(りょこう)に、10万円＿＿＿＿＿ました。

② 自分がした約束(やくそく)は、＿＿＿＿＿なければなりません。

③ 開ける時は、ドアを＿＿＿＿＿てください。

④ 部屋が暗(くら)いので、電気(でんき)を＿＿＿＿＿ましょう。

2 次の言葉を使って ＿＿＿ の短文を作りなさい。

① **자전거를 타면 운동이 되기** 때문에 건강에도 좋습니다.

→ ＿＿＿＿＿＿＿＿＿＿＿＿＿＿＿＿＿＿＿＿ので、健康(けんこう)にもいいです。

② 헬멧을 **쓰지 않고 자전거를 타다가 넘어지면**, 다칠 수도 있습니다. (かぶる、転(ころ)ぶ)

→ ヘルメットを＿＿＿＿＿＿＿＿＿＿＿＿＿＿＿＿＿＿、けがをするかもしれません。

③ 라이트를 **켜지 않고 달리면 사람이나 자동차가 보이지 않아** 위험합니다.
(つける、ず、走(はし)る、見(み)える)

→ ライトを＿＿＿＿＿＿＿＿＿＿＿＿＿＿＿＿＿＿、危(あぶ)ないです。

④ **아무리 조심해도 사람이 많은 곳에서 자전거를 타는 것은** 위험합니다. (いくら、注意(ちゅうい)する)

→ ＿＿＿＿＿＿＿＿＿＿＿＿＿＿＿＿＿＿＿＿＿＿＿危(あぶ)ないです。

회화

다음은 본문과 관련된 회화입니다. 들으면서 빈칸을 채우세요.

002 mp3

A　えみちゃんはふだん、(❶　　　　　　　　)に乗る？

B　毎日(まいにち)、学校(がっこう)まで自転車(じてんしゃ)で通(かよ)ってるよ。歩(ある)くより早いし、(❷　　　　　　　　)だからね。

A　たしかに。僕はバスで行ってるけど、
自転車ならお金も(❸　　　　　　　　)し、(❹　　　　　　　　)にもなるね。

B　うん。でも、昨日、スマートフォンを見ながら自転車に乗ってる人がいて、(❺　　　　　　　　)なと思ったよ。

A　わー、それはだめだね。あと、夜になってもライトを(❻　　　　　　　　)に走(はし)ってる人もいるよね。

B　人や車が(❼　　　　　　　　)から、すごく危(あぶ)ないね。

A　自転車で走っている時に(❽　　　　　　　　)、けがをするし…。

B　最近(さいきん)、自転車に乗る人も多いから、みんな(❾　　　　　　　　)を守(まも)ったほうがいいね。

A　うん。えみちゃんも自転車に乗る時は、(❿　　　　　　　　)に気をつけてね！

B　ありがとう。

2

大阪(おおさか)

오사카

여러분은 오사카에 간 적이 있나요?
오사카의 음식이나 명소에 대해서 알고 있나요?
오사카에 대해서 읽어 봅시다.

주요 문형

~ことができる / ~ほど~ない / ~ばかり

본문

003 mp3

大阪府は、日本の西のほうにあります。東京から新幹線に乗ると、約2時間半で大阪に着きます。空港や港もあって、電車でも飛行機でも船でも行くことができるので、旅行でも行きやすいところです。

大阪の食べ物は、たこ焼きやお好み焼きが有名です。どちらも小麦粉で作るので、「粉もん」と呼ばれます。「もん」は大阪の言葉で、「もの」という意味です。大阪には「コナモンミュージアム」という場所があります。そこでは、たこ焼きのサンプルを作ることができます。サンプルはロウソクの原料のロウで作るので、食べることができません。

大阪には、「ユニバーサル・スタジオ・ジャパン」という遊園地もあります。東京ディズニーシーほど広くありませんが、キャラクターがたくさんいます。以前は映画のキャラクターばかりでしたが、最近では、スーパーマリオやドンキーコングなど、日本のゲームのキャラクターもいます。

大阪はもともと商業の街で、ものを売ったり買ったりする時に、みんなで楽しく話をしました。お客さんと仲良くなって、ものをたくさん買ってもらうためには、おもしろい話をすることが必要でした。そのため大阪では「笑い」が重要だと考えられるようになって、「お笑い」の本場だといわれるようになりました。今でも有名なお笑いの劇場がいくつもあります。みなさんも大阪に行ったら、おもしろい舞台を見てみてください。

독해 문제 다음 문장이 본문의 내용과 맞으면 ○, 다르면 ×표 하세요.

1 東京(とうきょう)から大阪(おおさか)まで、飛行機(ひこうき)で約(やく)2時間半です。（　　）

2 たこ焼(や)きとお好(この)み焼(や)きは小麦粉(こむぎこ)から作られます。（　　）

3 ロウで作られたたこ焼きのサンプルは食べることができません。（　　）

4 ユニバーサル・スタジオ・ジャパンは東京ディズニーシーより広いです。（　　）

5 大阪は「お笑(わら)い」の本場(ほんば)なので、おもしろい舞台(ぶたい)を見ることができます。

（　　）

단어 및 표현

- 西(にし)のほう 서쪽
- 港(みなと) 항구
- ～やすい ~하기 쉽다
- 言葉(ことば) 말, 단어
- サンプル 샘플, 견본
- ロウ 납, 밀
- 以前(いぜん) 이전
- 商業(しょうぎょう) 상업
- 必要(ひつよう)だ 필요하다
- お笑(わら)い 만담
- いくつも 몇 개나
- 新幹線(しんかんせん) 신칸센(일본의 고속 철도)
- 飛行機(ひこうき) 비행기
- 小麦粉(こむぎこ) 밀가루
- 意味(いみ) 의미
- ロウソク 양초
- 遊園地(ゆうえんち) 유원지, 놀이공원
- 最近(さいきん) 최근
- 街(まち) 거리, 번화가
- 重要(じゅうよう)だ 중요하다
- 本場(ほんば) 본고장
- 舞台(ぶたい) 무대, 극
- 空港(くうこう) 공항
- 船(ふね) 배
- 粉(こな) 가루
- ミュージアム 뮤지엄, 박물관
- 原料(げんりょう) 원료
- キャラクター 캐릭터
- もともと 원래
- 仲良(なかよ)く 사이좋게
- 考(かんが)える 생각하다
- 劇場(げきじょう) 극장

문형 연습

1 ~ことができる ~할 수 있다

동사의 기본형에 접속하여 능력이나 기술에 따라 할 수 있는 것이나, 상황이나 기회에 따라 가능한 것을 나타낸다.

・私は韓国語(かんこくご)と英語と日本語を話すことができます。

・この遊園地(ゆうえんち)では、キャラクターのショーを見ることができます。

・スマートフォンで、インターネットを使うことができます。

・ストレスで夜眠(ねむ)ることができません。

2 ~ほど~ない ~만큼 ~하지 않다

「AはBほど~ない」의 형태로, 'B를 기준으로 해서 생각하면, A는 B이하' 라는 의미를 나타낸다. 「AがBより~」는 단순하게 A와 B를 비교하는 표현이지만, 「AはBほど~ない」는 'A도 B도 ~이지만, 그 중에 비교하자면' 이라는 의미를 포함하는 경우가 있다.

・今年の冬は去年ほど寒(さむ)くない。

・私は彼女ほど歌が上手(じょうず)ではありません。

・あのドラマは、期待(きたい)していたほどおもしろくなかった。

・今日のテストは、思っていたほど難(むずか)しくありませんでした。

3 ～ばかり ~만, ~뿐

'그것뿐으로 다른 것은 없다'는 한정의 의미를 나타낸다. 같은 것만 많이 있는 경우나 같은 것을 몇 번이나 반복하는 경우에 사용된다.

- 彼は勉強(べんきょう)しないで遊(あそ)んで**ばかり**います。
- 兄は野菜(やさい)が嫌(きら)いで、肉(にく)**ばかり**食べています。
- 最近(さいきん)、雨**ばかり**です。
- この本は知らないこと**ばかり**書いてある。

단어 및 표현

- □ 遊園地(ゆうえんち) 유원지, 놀이공원
- □ スマートフォン 스마트폰
- □ 遊(あそ)ぶ 놀다
- □ 肉(にく) 고기
- □ キャラクター 캐릭터
- □ ドラマ 드라마
- □ 野菜(やさい) 채소
- □ ショー 쇼
- □ 期待(きたい)する 기대하다
- □ 嫌(きら)いだ 싫어하다

연습 문제

1 文型

1 （　　　）の中の言葉を使って文を完成させなさい。

ことができ	ほど	ばかり

① 以前(いぜん)は映画(えいが)のキャラクター（　　　　　）でしたが、今は日本のゲームのキャラクターもいます。

② 「コナモンミュージアム」では、たこ焼(や)きのサンプルを作る（　　　　　）ます。

③ ユニバーサル・スタジオ・ジャパンは、東京(とうきょう)ディズニーシー（　　　　　）広くありません。

④ サンプルは、ロウソクの原料(げんりょう)のロウで作るので、食べる（　　　　　）ません。

2 （　　　）の中の言葉と（　　）の言葉を使って、文を完成させなさい。

～ことができる	～ほど～ない	～ばかり

① 私も兄も背(せ)が高いですが、私は (兄・高い →　　　　　　　) です。

② 彼女はゲームが大好きで、いつも (ゲーム →　　　　　　　) しています。

③ 自分の名前を漢字(かんじ)で (書く →　　　　　　　) ますか。

④ 夏のソウルは暑いですが、(プサン・暑い →　　　　　　　) です。

2 言葉の使い方

1 ( ) の中の言葉を一つ選んで、適当な形にして ＿＿＿ に書きなさい。

新幹線	サンプル	キャラクター	小麦粉	もともと

① うどんは＿＿＿＿＿で作ります。

② シャンプーを買ったら、無料(むりょう)の＿＿＿＿＿をもらいました。

③ 彼女は＿＿＿＿＿運動(うんどう)が嫌(きら)いでしたが、マラソンを始めてから、好きになりました。

④ ハローキティは日本でとても有名な＿＿＿＿＿です。

2 次の言葉を使って ＿＿＿ の短文を作りなさい。

① 도쿄에서 신칸센을 타면 **약 2시간 반이면 오사카에 도착합니다**. (大阪(おおさか)、着く)

→ 東京(とうきょう)から新幹線(しんかんせん)に乗ると、＿＿＿＿＿＿＿＿＿＿＿＿＿＿＿＿＿＿＿＿。

② 양초의 원료로 만드므로 **샘플은 먹을 수 없습니다**. (サンプル)

→ ロウソクの原料(げんりょう)で作るので、＿＿＿＿＿＿＿＿＿＿＿＿＿＿＿＿＿＿＿＿。

③ **이전에는 영화 캐릭터뿐이었습니다만** 최근에는 일본 게임 캐릭터도 있습니다. (以前(いぜん)、キャラクター、ばかり)

→ ＿＿＿＿＿＿＿＿＿＿＿＿＿＿＿＿＿＿＿＿、最近(さいきん)では日本のゲームのキャラクターもいます。

④ 오사카는 **'만담'의 본고장이라고 말해지게 되었습니다**. (お笑(わら)い、本場(ほんば))

→ 大阪(おおさか)は＿＿＿＿＿＿＿＿＿＿＿＿＿＿＿＿＿＿＿＿＿＿＿＿。

회화

다음은 본문과 관련된 회화입니다. 들으면서 빈칸을 채우세요.

004 mp3

A　先週(せんしゅう)、(❶　　　　　　) で大阪(おおさか)に行ってきたんだ。

B　へぇ。時間はどのぐらいかかった？

A　(❷　　　　　　) 1時間かな。思った (❸　　　　　　) 遠(とお)くなかったよ。

B　大阪では、何をしたの？ (❹　　　　　　) には行った？

A　時間がなくて、ユニバーサル・スタジオ・ジャパンには行けなかったんだ。
でも、コナモンミュージアムっていうところに行ったよ。

B　初(はじ)めて聞いたわ。コナモンって何？

A　「コナモン」っていうのは「粉(こな)もの」、つまり、(❺　　　　　　) で作るたこ焼(や)きとかお好(この)み焼(や)きのことだよ。ロウソクの (❻　　　　　　) でたこ焼きの (❼　　　　　　) を作ることができる場所(ばしょ)なんだ。

B　楽しそうなところね。なにか (❽　　　　　　) は見たの？

A　うん。(❾　　　　　　) 旅行(りょこう)の目的(もくてき)が (❿　　　　　　) を見ることだったんだ。すごくおもしろかったよ。

B　いいなぁ。今度(こんど)は私も連(つ)れて行ってね！

3

はなみ 花見

벚꽃놀이

일본의 벚꽃놀이란 어떤 행사일까요?
여러분은 벚꽃놀이를 한 적이 있나요?
일본의 벚꽃놀이에 대해서 읽어 봅시다.

주요 문형

～たことがある / ～だけ / ～すぎる

본문

005 mp3

みなさんは、花見(はなみ)をしたことがありますか。桜(さくら)は日本人が一番(いちばん)好きな花です。春(はる)が来たことを喜(よろこ)んで、人々(ひとびと)は桜を見に行きます。

桜は、3月の終(お)わりから5月のはじめまで、日本中(じゅう)で見ることができます。3月になると、桜が咲(さ)く日を予想(よそう)して、ニュースで発表(はっぴょう)します。それを見ながら、人々は桜が咲く日を待(ま)ちます。花見の計画(けいかく)は早く立(た)てないといけません。桜は約(やく)10日だけ咲いて、すぐに散(ち)ってしまうからです。

日本では、3月に卒業式(そつぎょうしき)があって、4月に入学式(にゅうがくしき)や入社式(にゅうしゃしき)があります。その時期(じき)に桜が咲くので、「卒業式の時に桜が咲いていた」「入学式の時に桜がきれいだった」と、記憶(きおく)に残(のこ)るのでしょう。

花見は、桜の花を見るだけではありません。友だちや家族と一緒(いっしょ)に、桜の下でお弁当(べんとう)を食べたり、お酒を飲んだりします。花見は朝、昼(ひる)、夜、いつでもできます。夜に花見をすることを「夜桜見物(よざくらけんぶつ)」といいます。ライトアップされた桜も、とても美しいです。しかし、花見でお酒を飲みすぎる人や、ゴミを捨(す)てて帰る人がいて、毎年問題(まいとしもんだい)になります。みなさんも、お花見に行く時は、マナーを守(まも)って、美しい桜を楽(たの)しみましょう。

독해 문제 다음 문장이 본문의 내용과 맞으면 ○, 다르면 ×표 하세요.

1 桜(さくら)は日本人が一番(いちばん)好きな花です。（　　）

2 桜は、日本中(じゅう)どの地域(ちいき)でも見ることができます。（　　）

3 人々(ひとびと)は、ニュースを見て、花見に行く日を決(き)めます。（　　）

4 桜を見る時は、お酒を飲んではいけません。（　　）

5 花見は昼(ひる)にはできません。（　　）

단어 및 표현

- □ 花見(はなみ) 꽃놀이, 벚꽃놀이
- □ 喜(よろこ)ぶ 기뻐하다
- □ 咲(さ)く (꽃이) 피다
- □ 待(ま)つ 기다리다
- □ 散(ち)る 지다, 떨어지다
- □ 入社式(にゅうしゃしき) 입사식
- □ 残(のこ)る 남다
- □ 見物(けんぶつ) 구경
- □ 毎年(まいとし) 매년, 매해
- □ 桜(さくら) 벚꽃
- □ 終(お)わり 끝
- □ 予想(よそう)する 예상하다
- □ 計画(けいかく) 계획
- □ 卒業式(そつぎょうしき) 졸업식
- □ 時期(じき) 시기
- □ お弁当(べんとう) 도시락
- □ ライトアップする 조명을 비추다
- □ 問題(もんだい) 문제
- □ 春(はる) 봄
- □ はじめ 시작
- □ 発表(はっぴょう)する 발표하다
- □ 立(た)てる 세우다
- □ 入学式(にゅうがくしき) 입학식
- □ 記憶(きおく) 기억
- □ 夜桜(よざくら) 밤 벚꽃
- □ 捨(す)てる 버리다
- □ 楽(たの)しむ 즐기다

문형 연습

1 ~たことがある ~한 적이 있다

「동사의 た형」에 접속하여 무엇을 한 경험이 있다고 말할 때 사용한다.

- 高校生の時、沖縄(おきなわ)に行ったことがあります。
- その本を読んだことがありません。
- 納豆(なっとう)を食べたことがありますか。
- こんなすばらしい景色(けしき)は今まで見たことがありません。

2 ~だけ ~만, ~뿐

대상·정도·범위·수량 등을 나타내는 명사 뒤에 와서 그것에 한정함을 나타내거나 강조할 때 사용한다.

- 疲(つか)れましたから、10分だけ休みましょう。
- 私はひらがなとカタカナだけ勉強(べんきょう)しました。
- 今日は、1年生の授業(じゅぎょう)だけあります。
- 二人だけで話(はな)したいことがあります。

3 ～すぎる 너무 ~하다, 지나치게 ~하다

「동사의 ます형」이나 「い형용사·な형용사」의 어간에 접속하여, 정도가 과해서 좋지 않다는 생각을 나타낸다.

- とてもおいしかったので、食べすぎました。
- 旅行(りょこう)で買い物をしすぎて、今はお金(かね)がありません。
- この授業(じゅぎょう)は、毎週、宿題(しゅくだい)が多すぎます。
- お茶が熱(あつ)すぎて、飲めません。

단어 및 표현

- □ 沖縄(おきなわ) 오키나와<지명>
- □ 疲(つか)れる 지치다, 피곤하다
- □ 納豆(なっとう) 낫토(삶은 콩을 발효시킨 음식)
- □ 話(はな)す 말하다
- □ 景色(けしき) 풍경, 경치
- □ 宿題(しゅくだい) 숙제

연습 문제

1 文型

1 (　　　) の中の言葉を使って文を完成させなさい。

ことがある　　だけ　　すぎる

① 夜桜見物をした (　　　　　) 人は、あまり多くないでしょう。

② 花見で、毎年お酒を飲み (　　　　　) 人がいます。

③ 花見に行った (　　　　　) 人は多いです。

④ 桜は約10日 (　　　　　) 咲いて、すぐに散ります。

2 (　　　) の中の言葉と（　　）の言葉を使って、文を完成させなさい。

～ことがある　　～だけ　　～すぎる

① 日本のドラマは、まだ (見る → 　　　　　) ません。

② 部屋が (きたない → 　　　　　) ので、掃除しなければなりません。

③ 本を (3ページ → 　　　　　) 読みました。

④ 今朝は、遅くまで (寝る → 　　　　　) ました。

2 言葉の使い方

1 ［　　　］の中の言葉を一つ選んで、適当な形にして ＿＿＿ に書きなさい。

喜ぶ	予想する	待つ	残る	楽しむ

① 夏休み(なつやす)に日本に行ったことが、記憶(きおく)に＿＿＿＿＿ています。

② レストランに行って、食事(しょくじ)を＿＿＿＿＿ました。

③ 次の電車(でんしゃ)を＿＿＿＿＿ましょう。

④ 試合(しあい)の前に、どのチームが強いか＿＿＿＿＿ます。

2 次の言葉を使って ＿＿＿ の短文を作りなさい。

① 벚꽃놀이 **계획은 빨리 세우지 않으면 안 됩니다.** (計画(けいかく)、立てる)

→ 花見(はなみ)の ＿＿＿＿＿＿＿＿＿＿＿＿＿＿＿＿＿＿＿＿。

② 친구나 가족과 함께 **벚꽃 아래에서 도시락을 먹거나 술을 마시거나 합니다.** (お弁当(べんとう))

→ 友だちや家族と一緒(いっしょ)に、＿＿＿＿＿＿＿＿＿＿＿＿＿＿＿＿。

③ 일본에서는 **3월에 졸업식이 있고, 4월에 입학식이나 입사식이 있습니다.**
(卒業式(そつぎょうしき)、入学式(にゅうがくしき)、入社式(にゅうしゃしき))

→ 日本では、＿＿＿＿＿＿＿＿＿＿＿＿＿＿＿＿＿＿＿。

④ 쓰레기를 **버리고 돌아가는 사람이 있어서, 매년 문제가 됩니다.** (捨(す)てる、毎年(まいとし)、問題(もんだい))

→ ゴミを ＿＿＿＿＿＿＿＿＿＿＿＿＿＿＿＿＿＿＿＿。

회화

다음은 본문과 관련된 회화입니다. 들으면서 빈칸을 채우세요.

006 mp3

A　最近(さいきん)、少し暖(あたた)かくなったよね。

B　そうね。もうすぐ (❶　　　　　) だからね。

早く桜(さくら)が (❷　　　　　) といいな。

A　うん、あと２週間ぐらいだって、ニュースで (❸　　　　　) よ。

B　そうなんだ。じゃ、お花見(はなみ)の (❹　　　　　) を立てなくちゃ。

A　そうだね。桜は10日ぐらいで、すぐに (❺　　　　　) から、早く考(かんが)えなくちゃね。

B　うーん、いつがいいかな。４月２日はどう？

A　２日？ あ、２日は妹の (❻　　　　　) があるの。

ごめんね。３日はどう？

B　うん、いいね。じゃあ、３日にしよう！

(❼　　　　　) とお酒(さけ)も、少し持っていくね。

A　いいねー。おいしいものを食べながら、ゆっくり見よう。

あ、夜も (❽　　　　　) きれいだって聞いたよ。

B　へえ、(❾　　　　　)？ 見たことがないから、見たいな。

A　じゃあ、３日は夜まで (❿　　　　　)！

4

バス

버스

여러분은 버스를 자주 타나요?
언제 버스를 이용하나요?
일본의 버스에 대해서 읽어 봅시다.

주요 문형

~ても・~でも / ~か / ~てみる

본문

007 mp3

みなさんは、バスによく乗りますか。日本でも韓国でも、大きな都市では地下鉄や電車がたくさん走っています。しかし、電車があまりない地方の人々の生活にはバスが特に重要です。

地域がちがうと、バスの乗りかたや料金もちがいます。東京都の23区内では、バスの前のドアから乗ります。どこまで乗っても料金は同じです。しかし、福岡県では、後ろのドアから乗ります。距離で料金が決まります。遠くまで乗ると、料金はどんどん高くなります。バスの料金は、現金やICカードで払うことができます。

バスで学校や会社に通う場合は、定期券を買う人が多いです。定期券を買うと、決まったバスに何回でも乗ることができます。バスに乗る時に1回ずつお金を払うより、定期券を買ったほうが安いです。

また、日本のバス停には、バスの時刻表があります。次のバスが何時に来るかわかるので、便利です。「バスロケーションシステム」を使っていれば、今バスがどこにいるか、あと何分で来るか、インターネットで調べることもできます。

バスの中では、マナーを守らなければなりません。まず、携帯電話で話してはいけません。また、バスの中で、ものを食べたり飲んだりしてはいけません。そして、座っている人は、バスが止まるまで立ってはいけません。

みなさんも、日本でバスに乗ってみると、韓国のバスとのちがいがわかるでしょう。

독해 문제 다음 문장이 본문의 내용과 맞으면 ○, 다르면 ×표 하세요.

1 地方の人はあまりバスに乗りません。（　　）

2 日本のバスは、ぜんぶ同じ料金です。（　　）

3 定期券があると、同じバスに何回でも乗ることができます。（　　）

4 バス停の時刻表を見れば、今バスがどこにいるかわかります。（　　）

5 日本では、バスが止まってから立つのがマナーです。（　　）

단어 및 표현

- □ 都市 도시
- □ 走る 달리다
- □ 重要だ 중요하다
- □ 乗りかた 타는 법
- □ 決まる 정해지다
- □ 払う 지불하다
- □ 定期券 정기권
- □ 時刻表 시각표
- □ 調べる 조사하다
- □ 地下鉄 지하철
- □ 地方 지방
- □ 地域 지역
- □ 料金 요금
- □ どんどん 점점
- □ 通う 다니다
- □ ずつ ~씩
- □ バスロケーションシステム 버스 현재 위치 알림 시스템
- □ 座る 앉다
- □ 電車 전철
- □ 特に 특히
- □ ちがう 다르다
- □ 距離 거리
- □ 現金 현금
- □ 場合 경우
- □ バス停 버스 정류장
- □ ちがい 차이

문형 연습

1 ～ても・～でも ～하더라도, ～이라도

가정적인 조건에 반하는 것을 말할 때 사용한다.

・渋谷(しぶや)は、いつ来ても人が多いです。

・弟は、何回(なんかい)言ってもゲームをやめません。

・忙(いそが)しいので、休日(きゅうじつ)でも仕事をしなければいけません。

・明日は雨でも予定(よてい)どおり遠足(えんそく)に行きます。

2 ～か ～인지

의문문이 문장의 안에 들어갈 때 「의문사+동사의 보통형+か」의 형태로 사용한다.

・だれがこの手紙(てがみ)を書いたか、知っていますか。

・その服(ふく)をどこで買ったか、覚(おぼ)えていますか。

・ヘソンさんがなぜ昨日休んだか、聞いてみます。

・あのデパートではどんなものを売(う)っているか教えてください。

3 ～てみる ~해 보다

「동사의 て형」에 접속하여 지금까지 경험한 적이 없는 것을 한번 시험해 보고 어떤 모양·결과가 나온다는 의미를 나타낸다.

- 春に日本に行ったら、花見(はなみ)をしてみてください。
- サイズがわからないので、一度(いちど)着(き)てみてもいいですか。
- このジュースはおいしそうだと思いましたが、飲んでみたら、おいしくなかったです。
- 昨日、母と新(あたら)しい店に行ってみました。

단어 및 표현

- □ 渋谷(しぶや) 시부야<지명>
- □ 遠足(えんそく) 소풍
- □ サイズ 사이즈, 크기
- □ 忙(いそが)しい 바쁘다
- □ 覚(おぼ)える 기억하다
- □ 予定(よてい)どおり 예정대로
- □ 花見(はなみ) 꽃구경, 벚꽃놀이

연습 문제

1 文型

1 （　　　） の中の言葉を使って文を完成させなさい。

て(で)も	か	てみる

① どこまで乗っ (　　　　　) 料金(りょうきん)は同(おな)じです。

② 次のバスが何時に来る (　　　　　) わかります。

③ 日本でバスに乗っ (　　　　　) と、韓国とのちがいがわかります。

④ バスが時間どおり来なく (　　　　　)、インターネットで調(しら)べれば、あと何分で来るかわかります。

2 （　　　） の中の言葉と（　　）の言葉を使って、文を完成させなさい。

～て(で)も	～か	～てみる

① 中間試験(ちゅうかんしけん)が (いつ → 　　　　　)、知っていますか。

② あのお店のうどんがとてもおいしいので、一度(いちど) (食べる → 　　　　　) てください。

③ 夜 (遅い → 　　　　　) 起きていますから、電話してもいいですよ。

④ キムさんはお酒をたくさん (飲む → 　　　　　) 顔(かお)が変(か)わりません。

2 言葉の使い方

1 （　　　）の中の言葉を一つ選んで、適当な形にして ＿＿＿ に書きなさい。

特に	ずつ	遅れる	重要だ	通う

① 弟と妹におかしを二つ＿＿＿＿あげました。

② 今朝(けさ)、バスが来なくて、授業(じゅぎょう)に＿＿＿＿ました。

③ それは＿＿＿＿メールですから、よく読んでください。

④ 妹は家の近(ちか)くの中学校に＿＿＿＿います。

2 次の言葉を使って ＿＿＿ の短文を作りなさい。

① 도쿄의 버스는 **어디까지 타도 요금이 같습니다.** (料金(りょうきん)、同(おな)じ)

→ 東京(とうきょう)のバスは、＿＿＿＿＿＿＿＿＿＿＿＿＿＿＿＿。

② 오래 타면 **버스 요금은 점점 비싸집니다.** (どんどん)

→ 長く乗ると、＿＿＿＿＿＿＿＿＿＿＿＿＿＿＿＿。

③ 시각표를 보면 **다음 버스가 몇 시에 올지 알 수 있습니다.** (次、何時)

→ 時刻表(じこくひょう)を見ると、＿＿＿＿＿＿＿＿＿＿＿＿＿＿＿＿。

④ 일본에서는 **버스가 멈출 때까지 일어나서는 안 됩니다.** (止(と)まる、立つ)

→ 日本では、＿＿＿＿＿＿＿＿＿＿＿＿＿＿＿＿。

회화

다음은 본문과 관련된 회화입니다. 들으면서 빈칸을 채우세요.

008 mp3

A　先週(せんしゅう)、福岡(ふくおか)に旅行(りょこう)に行ったんだけど、東京(とうきょう)のバスと福岡のバスの(❶　　　　　　　　)にびっくりしたよ。

B　へえ、何が (❷　　　　　　　　) の？

A　まず、(❸　　　　　　　　) だね。東京では前のドアから乗るけど、福岡では後ろのドアから乗るんだ。

B　そうなんだ。(❹　　　　　　　　) でちがうのね。

A　あと、(❺　　　　　　　　) もちがった。
東京２３区内だとどこまで行っても同(おな)じだけど、
福岡では、(❻　　　　　　　　)で決(き)まるんだよ。

B　じゃあ、遠くまで乗ったら、(❼　　　　　　　　) 高くなるの？

A　そういうこと。(❽　　　　　　　　) をあまり持っていなかったけど、
IC (❾　　　　　　　　) があったからよかったよ。

B　カードで (❿　　　　　　　　) こともできるんだ。それは東京と同じだね。

5

着物(きもの)と浴衣(ゆかた)

기모노와 유카타

여러분은 일본의 기모노나 유카타를 본 적이 있나요?
기모노와 유카타의 차이는 무엇이라고 생각하나요?
기모노와 유카타에 대해 읽어 봅시다.

주요 문형

~かもしれない / ~てはいけない / ~にくい

본문

009 mp3

着物は、日本の伝統的な服です。昔は毎日着物を着る人もいました。しかし、着物の布は厚いので、「着物を着ていると、歩きにくい」、「着物は重くて洗いにくい」という人もいます。最近では、結婚式や成人式など、特別な日に着物を着ることが多いです。

着物には、さまざまな模様があります。たとえば、春は桜、夏は流れる水や金魚、秋はブドウや紅葉、冬は雪の模様などが人気です。着物の模様で季節を楽しむことができます。

浴衣は着物と似ていますが、着物より布が薄くて軽いです。浴衣の「浴」という字は、「入浴」の「浴」です。もともとは、お風呂に入った後に着る服でした。最近では、夏のお祭りや花火大会の時に着て行く人が多いです。

着物や浴衣を着る時には、いくつかルールがあります。着る時は、右を前にしてはいけません。死んだ人が右を前にして着るからです。中に着るものや着る順番なども決まっているので、一人では着にくいかもしれません。

最近は、旅行客に着物や浴衣を貸してくれるお店もたくさんあります。どう着るかをお店の人が教えてくれるので、一人で着ることができなくても大丈夫です。日本に行ったら、着物や浴衣を着て街を歩いたり、写真を撮ったりしても楽しいかもしれません。

독해 문제 다음 문장이 본문의 내용과 맞으면 ○, 다르면 ×표 하세요.

1 着物(きもの)は浴衣(ゆかた)より、布(ぬの)が薄(うす)いです。（　　）

2 結婚式(けっこんしき)や成人式(せいじんしき)で、着物を着(き)る人もいます。（　　）

3 着物の模様(もよう)は、花と動物(どうぶつ)だけです。（　　）

4 死んだ人は、着物の右を前にして着ます。（　　）

5 旅行客(りょこうきゃく)に着物や浴衣を貸(か)してくれるお店があります。（　　）

단어 및 표현

- □ 着物(きもの) 기모노(일본 전통 의상)
- □ 厚(あつ)い 두껍다
- □ 最近(さいきん) 최근
- □ 特別(とくべつ) 특별
- □ 流(なが)れる 흐르다
- □ 紅葉(もみじ) 단풍
- □ 楽(たの)しむ 즐기다
- □ 薄(うす)い 얇다
- □ もともと 원래, 본디
- □ 花火大会(はなびたいかい) 불꽃 축제
- □ 貸(か)す 빌려주다
- □ 伝統的(でんとうてき) 전통적
- □ 重(おも)い 무겁다
- □ 結婚式(けっこんしき) 결혼식
- □ さまざまな 다양한
- □ 金魚(きんぎょ) 금붕어
- □ 雪(ゆき) 눈
- □ 浴衣(ゆかた) 유카타(여름용 무명 홑옷)
- □ 軽(かる)い 가볍다
- □ お風呂(ふろ) 목욕(탕)
- □ 順番(じゅんばん) 순서
- □ 街(まち) 거리, 번화가
- □ 布(ぬの) 천
- □ 洗(あら)う 씻다, (옷 등을) 빨다
- □ 成人式(せいじんしき) 성인식
- □ 模様(もよう) 모양, 무늬
- □ ブドウ 포도
- □ 季節(きせつ) 계절
- □ 似(に)る 닮다
- □ 入浴(にゅうよく) 입욕, 목욕
- □ お祭(まつ)り 마쓰리, 축제
- □ 旅行客(りょこうきゃく) 여행객

문형 연습

1 ~かもしれない ~일지도 모른다

어떤 상황이나 사건이 일어날 가능성이 있다고 추측해서 말할 때 사용한다. 「もしかすると(어쩌면)」나 「もしかしたら(어쩌면)」와 함께 사용할 때도 있다.

・あの人は若(わか)いので、まだ学生**かもしれない**。

・先生は、もしかするとミンさんを知っている**かもしれません**。

・約束(やくそく)の時間に遅(おく)れてしまったので、市川(いちかわ)さんはもう帰った**かもしれません**。

・今日は仕事がたくさんあって、飲(の)み会(かい)に参加(さんか)できない**かもしれない**。

2 ~てはいけない ~해서는 안 된다

사회적인 규칙이나 약속 등에서 허용되지 않는 것을 말할 때 사용한다.

・子どもは、お酒(さけ)を飲ん**ではいけない**。

・授業中(じゅぎょうちゅう)におかしを食べ**てはいけません**。

・この川は深(ふか)くて危(あぶ)ないですから、入っ**てはいけません**。

・入口の前に自転車(じてんしゃ)を止(と)め**てはいけません**。

3 ~にくい ~하기 어렵다

「동사의 ます형」에 접속하여 동작, 행위를 부드럽게 하는 것이 어려운 상태를 나타낸다. 또, 그렇게 간단하게 되지 않는다는 것을 나타낼 때 사용한다.

・このガラスは、割(わ)れにくいです。

・この店は場所(ばしょ)がわかりにくいです。

・雪(ゆき)で道路(どうろ)がすべるので、歩きにくいです。

・にんじんがかたくて、切(き)りにくいです。

단어 및 표현

- □ 若(わか)い 젊다
- □ 参加(さんか) 참가
- □ 止(と)める 멈추다, 세우다
- □ 道路(どうろ) 도로
- □ かたい 단단하다, 딱딱하다
- □ 遅(おく)れる 늦다
- □ 深(ふか)い 깊다
- □ ガラス 유리
- □ すべる 미끄러지다
- □ 飲(の)み会(かい) 회식, 술자리
- □ 危(あぶ)ない 위험하다
- □ 割(わ)れる 깨지다
- □ にんじん 당근

연습 문제

1 文型

1 （　　　）の中の言葉を使って文を完成させなさい。

かもしれない	てはいけ	にくい

① 着物(きもの)を着(き)る時は、着物の右を前にし (　　　　　)ません。

② 着物を着ていると歩(ある)き (　　　　　) ので、母が車で送(おく)ってくれました。

③ 今年の夏は、浴衣(ゆかた)を着てお祭(まつ)りに行く (　　　　　)。

④ 着物は家では洗(あら)い (　　　　　) ので、いつもクリーニングに出します。

2 （　　　）の中の言葉と（　　）の言葉を使って、文を完成させなさい。

～かもしれない	～てはいけない	～にくい

① この本は、字(じ)が小さいので、(読む ➜　　　　　) です。

② 頭(あたま)が痛(いた)いので、明日、学校に (行けない ➜　　　　　) ません。

③ 先生がこのプリントを (忘(わす)れる ➜　　　　　) と言いました。

④ 問題(もんだい)は、試験(しけん)が始(はじ)まるまで (見る ➜　　　　　) と書いてあります。

2 言葉の使い方

1 ＿＿＿ **の中の言葉を一つ選んで、適当な形にして ______ に書きなさい。**

洗う	薄い	もともと	貸す	似る

① 窓を開けたのは私ではありません。______開いていました。

② この紙(かみ)は、ガラスより______です。

③ 食べた後は、お皿を______てください。

④ 電話(でんわ)をかけたいので、スマートフォンを______てくれますか。

2 次の言葉を使って ______ の短文を作りなさい。

① 최근에는 결혼식이나 성인식 등 **특별한 날에 입는 경우가 많습니다.** (特別(とくべつ))

→ 最近(さいきん)では、結婚式(けっこんしき)や成人式(せいじんしき)など、______________________。

② **'기모노를 입고 있으면 걷기 어렵다', '기모노는 무겁고 세탁하기 어렵다'**고 말하는 사람도 있습니다. (重(おも)い、洗(あら)う)

→ ______________________という人もいます。

③ 기모노의 **무늬로 계절을 즐길 수 있습니다.** (模様(もよう)、季節(きせつ)、楽(たの)しむ)

→ 着物(きもの)の ______________________。

④ 속에 입는 것이나 **입는 순서 등도 정해져 있어서 혼자서는 입기 어려울 수도 있습니다.** (順番(じゅんばん)、決(き)まる)

→ 中に着るものや、______________________。

회화

다음은 본문과 관련된 회화입니다. 들으면서 빈칸을 채우세요.

010 mp3

A ねえ、夏に遊(あそ)びに行く時って、(❶　　　　　　　)とか着(き)る？

B うん。去年(きょねん)の(❷　　　　　　　)で着たよ。

A へぇ。浴衣(ゆかた)は(❸　　　　　　　)が(❹　　　　　　　)から、暑(あつ)い日でも着られるんだね。

B そう。(❺　　　　　　　)、昔(むかし)の人は(❻　　　　　　　)の後に浴衣を着ていたんだって。

A 最近(さいきん)は、浴衣や着物(きもの)を(❼　　　　　　　)くれるお店もあるって聞いたけど。

B うん、私も行ったことがあるよ。外国(がいこく)の人とか、(❽　　　　　　　)もたくさん来てたよ。

A 結婚式(けっこんしき)とか(❾　　　　　　　)な日じゃなくても、着物や浴衣が着られるのっていいよね。

B うん。写真(しゃしん)を撮(と)るだけでも、良(よ)い思(おも)い出(で)になると思う。

A なかなか(❿　　　　　　　)な服を着るチャンスってないよね。じゃあ、今年は二人で浴衣を着て、一緒(いっしょ)に夏祭(まつ)りに行かない？

B うれしい！たくさん写真も撮ろうね！

6

すし

초밥

일본 음식 중에서 무엇을 좋아하나요?
초밥이 어떤 것인지 알고 있나요?
초밥에 대해서 읽어 봅시다.

주요 문형

~れる・~られる / ~でも / ~やすい

본문

011 mp3

日本の食べ物の中で、みなさんは何が一番(いちばん)好きですか。日本の食べ物は世界中(せかいじゅう)で人気(にんき)があります。その中でも、一番よく知られているのは、すしです。

すしには、いろいろな種類(しゅるい)があります。ごはんの上にわさびと生(なま)の魚をのせたものは、にぎりずしです。手でにぎって作るので、にぎりずしといいます。ほかにも、ちらしずし、いなりずし、おしずしなどがあります。

にぎりずしはもともと、江戸時代(えどじだい)に屋台(やたい)で食べるものでした。小さくて食べやすいので、人気がありました。それに値段(ねだん)も安かったので、だれでも気軽(きがる)に食べられました。

しかし、戦争(せんそう)で食べ物が少なくなったので、新鮮(しんせん)な魚が手(て)に入(はい)らなくなりました。そのため、すしの値段が高くなって、すしの屋台もなくなりました。しかし、1950年代(ねんだい)からは安い回転(かいてん)ずしの店(みせ)ができました。今では、おいしくて安いすし屋(や)が日本中にたくさんあります。

すし屋では、「しょうが」のことを「ガリ」といいます。しょうがは食べる時にガリガリと音(おと)がするからです。また、「きゅうり」は「カッパ」といいます。カッパは伝説(でんせつ)の生(い)き物(もの)で、きゅうりが大好きです。

すし屋に行くと、このようなおもしろい言葉(ことば)をたくさん使います。みなさんも一度(いちど)、すし屋に行ってみてください。

독해 문제 다음 문장이 본문의 내용과 맞으면 ○, 다르면 ×표 하세요.

1 世界中(せかいじゅう)で日本の食べ物は人気(にんき)があります。（　　）

2 すしは江戸時代(えどじだい)、屋台(やたい)で食べていました。（　　）

3 戦争(せんそう)の後、すしの値段(ねだん)が高くなりました。（　　）

4 1950年代(ねんだい)になると、回転(かいてん)ずしの店ができました。（　　）

5 すしの種類(しゅるい)は、にぎりずしだけです。（　　）

단어 및 표현

- 一番(いちばん) 가장, 제일
- 種類(しゅるい) 종류
- のせる 얹다
- ちらしずし 지라시스시, 떠먹는 초밥
- もともと 원래, 본디
- 値段(ねだん) 가격
- 新鮮(しんせん)だ 신선하다
- 回転(かいてん)ずし 회전 초밥
- 音(おと)がする 소리가 나다
- 生(い)き物(もの) 생물
- ～中(じゅう) 온~
- わさび 고추냉이
- にぎりずし 니기리즈시, 쥠초밥
- いなりずし 유부초밥
- 江戸時代(えどじだい) 에도 시대(1603~1868)
- 気軽(きがる)に 가볍게
- 手(て)に入(はい)る 손에 들어오다
- しょうが 생강
- きゅうり 오이
- 一度(いちど) 한번
- 人気(にんき) 인기
- 生(なま) 생, 날 것
- にぎる 쥐다
- おしずし 누름초밥
- 屋台(やたい) 포장마차
- 戦争(せんそう) 전쟁
- 年代(ねんだい) 연대
- ガリガリ 으득으득(씹는 소리)
- 伝説(でんせつ) 전설

문형 연습

1 ~れる・~られる

동사의 수동형이다. 동작을 받는 사람의 입장에서 말할 때 사용하며, 사회적 사실을 말할 때에도 사용한다.

・この雑誌(ざっし)は、若(わか)い人によく読**まれて**います。

・何時間もテレビを見て、母にし**かられ**ました。

・この携帯電話(けいたいでんわ)は、韓国(かんこく)の工場(こうじょう)で作**られて**います。

・この町(まち)では毎年(まいとし)８月の第１日曜日(にちようび)に花火大会(はなびたいかい)が行(おこな)**われ**ます。

2 ~でも ~든지, ~이라도

「의문사+でも」의 형태로 사물·사람·시간·장소·수 등을 제한하지 않는 것을 나타낸다.

・父は、車のことは何**でも**知っています。

・私はバスや電車(でんしゃ)など、どこで**でも**寝(ね)られます。

・ここのクッキーは、何個(なんこ)**でも**食べていいですよ。

・あなたに会えるなら私はいつ**でも**いいですよ。

3 ～やすい ~하기 쉽다

「동사의 ます형」에 접속하여 동작이나 행위를 쉽게 할 수 있다는 것을 나타낼 때 사용한다. 그렇게 될 가능성이 높다는 것을 나타낸다.

- このペンは、とても書き**やすい**です。
- マッコリは、甘(あま)くて飲み**やすい**です。
- 地下鉄(ちかてつ)の駅ができたので、生活(せいかつ)し**やすく**なりました。
- 寒いと風邪(かぜ)をひき**やすい**ので、注意(ちゅうい)してください。

단어 및 표현

- □ 雑誌(ざっし) 잡지
- □ 携帯電話(けいたいでんわ) 휴대 전화
- □ 花火大会(はなびたいかい) 불꽃 축제
- □ 甘(あま)い 달다
- □ 風邪(かぜ)をひく 감기에 걸리다
- □ 若(わか)い 젊다
- □ 工場(こうじょう) 공장
- □ クッキー 쿠키
- □ 地下鉄(ちかてつ) 지하철
- □ 注意(ちゅうい)する 주의하다
- □ しかる 혼내다
- □ 毎年(まいとし) 매년, 매해
- □ マッコリ 막걸리
- □ 生活(せいかつ)する 생활하다

연습 문제

1 文型

1 [ ] の中の言葉を使って文を完成させなさい。

れ・られ　　でも　　やすい

① すしは、小さくて食べ (　　　　) です。

② 日本の食べ物の中で、一番(いちばん)よく知 (　　　　) ているのは、すしです。

③ 江戸時代(えどじだい)は、だれ (　　　　) 気軽(きがる)にすしが食べられました。

④ にぎりずしは手でにぎるので、屋台(やたい)でも作り (　　　　) です。

2 [ ] の中の言葉と (　　) の言葉を使って、文を完成させなさい。

～れる・られる　　～でも　　～やすい

①「ドラえもん」は、小学生によく (見る → 　　　　) ているアニメです。

② 先生の説明(せつめい)は、とても (わかる → 　　　　) です。

③ 明日はずっと家にいるので、(いつ → 　　　　) 電話してください。

④ 世界(せかい)で一番多く (話す → 　　　　) ている言葉(ことば)は、英語です。

2 言葉の使い方

1 ［　　　］の中の言葉を一つ選んで、適当な形にして ＿＿＿ に書きなさい。

人気	のせる	気軽に	音	種類

① 外で大きい＿＿＿＿＿がしたので、びっくりして窓を開けました。

② ソースは、三つの＿＿＿＿＿の中から選べます。

③ わからないことがあったら、＿＿＿＿＿聞いてください。

④ 作った料理を皿に＿＿＿＿＿て、テーブルに置きます。

2 次の言葉を使って ＿＿＿ の短文を作りなさい。

① 일본 음식 중에서 **무엇을 가장 좋아합니까?** (何が、一番)

➡ 日本の食べ物の中で、＿＿＿＿＿＿＿＿＿＿＿＿＿＿＿＿＿＿＿。

② 전쟁으로 **초밥의 값이 비싸졌습니다.** (値段)

➡ 戦争で、＿＿＿＿＿＿＿＿＿＿＿＿＿＿＿＿＿＿＿＿＿＿。

③ 맛있고 싼 **초밥집이 온 일본에 많이 있습니다.** (すし屋、日本中)

➡ おいしくて安い ＿＿＿＿＿＿＿＿＿＿＿＿＿＿＿＿＿＿＿。

④ 초밥은 작아서 **서두를 때도 먹기 쉽습니다.** (急ぐ、食べる)

➡ すしは小さくて、＿＿＿＿＿＿＿＿＿＿＿＿＿＿＿＿＿＿＿。

회화

다음은 본문과 관련된 회화입니다. 들으면서 빈칸을 채우세요.

012 mp3

A あー、おいしいすしが食べたい。でも今、お金(かね)がないんだよなぁ。

B 行こうよ。駅(えき)の近(ちか)くにある (❶) は、高くないから。

A えー、僕はおいしいすしが食べたいんだよ。
もっと (❷) すしだよ。

B 最近(さいきん)は、安い (❸) でも、おいしいのよ。
魚の (❹) も多くて、 (❺) があるって
聞いたよ。

A へえ、そうなんだ。

B おすしは (❻) 、高い食べ物じゃなかったの。
江戸時代(えどじだい)には、 (❼) で食べていたものだったのよ。

A え？ そうなの？ 知らなかった。

B 安かったから、だれでも (❽) 食べられたの。
でも、(❾) があって、すしの値段(ねだん)が高くなったのよ。

A なるほど。すしのことをよく知っているね。

B うん、すし、大好きだから。
じゃ、駅の近くのすし屋(や)に (❿) 行ってみよう。

7

部(ぶ)活(かつ)動(どう)

동아리 활동

여러분은 어떤 동아리 활동을 하고 있나요?
일본 학교에는 어떤 동아리가 있을까요?
일본의 동아리 활동에 대해서 읽어 봅시다.

~なくてもいい / ~ほうがいい / ~ために

본문

013 mp3

みなさんは、どんな部活動に関心がありますか。部活動は、全員がしなくてもいいです。しかし、日本では、部活動をする中学生や高校生がたくさんいます。10代は、心も体も成長する時期です。そのため、勉強だけではなく、いろいろな経験をしたほうがいいと考える人が多いからです。

部活動は、授業が終わった後にします。部員は、1年生から3年生までいます。それで、先輩が後輩に教えてくれたり、相談に乗ってくれたりもします。

部活動には、体育系と文化系があります。体育系の部活動では、サッカーや野球など、スポーツをします。文化系の部活動には、音楽・美術・料理・言語・演劇・ボランティアなどがあります。

試合やコンクールのために、毎日夜まで練習する部活動もあります。野球部やサッカー部は、男子生徒に人気があり、全国大会に出るために活発に練習する学校が多いです。高校の野球部の全国大会は、夏休みに甲子園球場でします。また、高校のサッカー部の全国大会は冬休みに国立競技場でします。試合は、毎日テレビで放送します。どちらも、日本中の多くの人が関心を持って応援します。

部活動をすると、目標を持ってがんばるようになります。また、個性や能力も伸ばすことができるので、いい経験になるでしょう。

독해 문제 다음 문장이 본문의 내용과 맞으면 ○, 다르면 ×표 하세요.

1 日本の高校生は、あまり部活動(ぶかつどう)をしません。（　　）

2 先輩(せんぱい)と後輩(こうはい)は部活動を一緒(いっしょ)にしません。（　　）

3 体育系(たいいくけい)の部活動には、サッカーやボランティアがあります。（　　）

4 高校の野球(やきゅう)は、日本でとても人気(にんき)があります。（　　）

5 部活動をしている人は、目標(もくひょう)を持ってがんばっています。（　　）

단어 및 표현

- □ 部活動(ぶかつどう) 동아리 활동
- □ ～代(だい) ~대
- □ ～だけではなく ~뿐만 아니라
- □ 先輩(せんぱい) 선배
- □ 体育系(たいいくけい) 체육 계통
- □ 演劇(えんげき) 연극
- □ コンクール 콩쿠르, 경연회
- □ 全国大会(ぜんこくたいかい) 전국 대회
- □ 放送(ほうそう)する 방송하다
- □ 個性(こせい) 개성
- □ 関心(かんしん) 관심
- □ 成長(せいちょう)する 성장하다
- □ 経験(けいけん) 경험
- □ 後輩(こうはい) 후배
- □ 文化系(ぶんかけい) 문화 계통
- □ ボランティア 봉사 활동
- □ 練習(れんしゅう) 연습
- □ 活発(かっぱつ)に 활발하게
- □ 応援(おうえん)する 응원하다
- □ 能力(のうりょく) 능력
- □ 全員(ぜんいん) 전원
- □ 時期(じき) 시기
- □ 部員(ぶいん) 부원
- □ 相談(そうだん)に乗(の)る 상담에 응하다
- □ 言語(げんご) 언어
- □ 試合(しあい) 시합
- □ 男子生徒(だんしせいと) 남자 학생
- □ 国立競技場(こくりつきょうぎじょう) (일본) 국립경기장
- □ 目標(もくひょう) 목표
- □ 伸(の)ばす 늘리다

문형 연습

1 ～なくてもいい ~하지 않아도 된다

듣는 사람에게 어떤 동작을 할 필요가 없다고 말할 때 사용한다. 「～なくてもいいですか(~하지 않아도 되나요?)」는 어떤 동작을 하지 않는 것의 허가를 구할 때 사용한다.

- 明日は休みだから、早く起(お)きなくてもいいです。
- この問題(もんだい)は難(むずか)しいから、できなくてもいいです。
- おなかがいっぱいだったら、ぜんぶ食べなくてもいいです。
- 昨日食べ物を買ったので、今日は買い物に行かなくてもいいです。

2 ～ほうがいい ~하는 것이 좋다

어떤 행위를 하도록 조언할 때 사용하며, 동사에 접속할 때는 「동사의 た형」을 쓴다. 「～ないほうがいい(~하지 않는 것이 좋다)」는 어떤 행위를 하지 않도록 조언할 때 사용한다.

- 試験(しけん)の勉強(べんきょう)は、毎日したほうがいいです。
- 風邪(かぜ)なら家でゆっくり休んだほうがいいですよ。
- あまりたくさんお酒を飲まないほうがいいよ。
- この道は暗(くら)いから、一人で歩(ある)かないほうがいいです。

3 ～ために ~하기 위해서

동작·행위의 목적을 나타낼때 사용한다.

- 健康(けんこう)のために、毎日20分歩(ある)きます。
- 旅行(りょこう)に行くために、アルバイトをしています。
- 大学に合格(ごうかく)するために、いっしょうけんめい勉強(べんきょう)します。
- 試合(しあい)に勝(か)つために毎日練習(れんしゅう)しています。

단어 및 표현

- □ おなかがいっぱいだ 배가 부르다
- □ 歩(ある)く 걷다
- □ いっしょうけんめい 열심임
- □ 練習(れんしゅう)する 연습하다
- □ ゆっくり 마음 편히, 느긋하게
- □ 健康(けんこう) 건강
- □ 試合(しあい) 시합
- □ 暗(くら)い 어둡다
- □ 合格(ごうかく)する 합격하다
- □ 勝(か)つ 이기다

연습 문제

1 文型

1 ［　　　］の中の言葉を使って文を完成させなさい。

なくてもいい	ほうがいい	ために

① 部活動(ぶかつどう)をしたくない人は、し (　　　　　) です。

② 試合(しあい)やコンクールの (　　　　　)、毎日練習(れんしゅう)をします。

③ 部活動でいろいろな経験(けいけん)をした (　　　　　) と考(かんが)える人が多いです。

④ 部活動に入ら (　　　　　) ですが、たくさんの人が部活動をします。

2 ［　　　］の中の言葉と（　　）の言葉を使って、文を完成させなさい。

～なくてもいい	～ほうがいい	～ために

① 彼女のプレゼントを (買う → 　　　　　) デパートに行きました。

② このぐらいの小雨(こさめ)なら、かさを (使う → 　　　　　) ですよ。

③ 頭(あたま)が痛(いた)かったら、早く (帰る → 　　　　　) です。

④ (就職(しゅうしょく) → 　　　　　) 英語を勉強(べんきょう)する人が多いです。

2 言葉の使い方

1 ［　　］の中の言葉を一つ選んで、適当な形にして ______ に書きなさい。

応援する　　**時期**　　**関心**　　**経験**　　**伸ばす**

① 大学生の時に１年間、日本に留学(りゅうがく)した________があります。

② 私は読売(よみうり)ジャイアンツを________ています。

③ 部活動(ぶかつどう)をすると、勉強(べんきょう)以外(いがい)の能力(のうりょく)を________ことができます。

④ 私はアメリカの映画に________を持っています。

2 次の言葉を使って ______ の短文を作りなさい。

① 동아리 활동은 **전원이 하지 않아도 좋습니다**. (全員(ぜんいん))

→ 部活動は、________________________________。

② 공부뿐만 아니라 **동아리 활동으로 여러 가지 경험을 하는 것이 좋다**고 생각하는 사람이 많습니다. (いろいろな、経験(けいけん))

→ 勉強だけではなく、________________________________と考(かんが)える人が多いです。

③ **시합이나 콩쿠르를 위해서 매일 밤까지 연습하는** 동아리 활동도 있습니다. (試合(しあい)、コンクール)

→ ________________________________部活動もあります。

④ 고교야구도 축구도 **온 일본의 많은 사람이 관심을 가지고 응원합니다**. (日本中(にほんじゅう)、多くの、関心(かんしん)、持つ、応援(おうえん)する)

→ 高校野球もサッカーも、________________________________。

회화

다음은 본문과 관련된 회화입니다. 들으면서 빈칸을 채우세요.

014 mp3

A　高校生の時、何か (❶　　　　　　) をしていた？

B　うん、私はバスケットボール部だったよ。

A　へえ、そうだったんだ。(❷　　　　　　) は大変(たいへん)だった？

B　そうね、いい (❸　　　　　　) ができたけど、(❹　　　　　　) にバスケを教(おし)えたりして、けっこう忙しかったな。

A　体育系(たいいくけい)の部活(ぶかつ)は、(❺　　　　　　) もあるから、大変だよね。

B　うん、先生も (❻　　　　　　) もよく相談(そうだん)に (❼　　　　　　) くれたし、チームワークがよくて、大会(たいかい)では何回(なんかい)も勝(か)ったの。

A　へえ、すごいね。

僕は (❽　　　　　　) 部だったけど、(❾　　　　　　) で小学校に行って、子どもたちのために劇(げき)をしたりしたよ。

B　えー、そうだったんだ！！ どんな劇をしたの？

A　えっ、あ…それは教えられないよ。

僕も若(わか)かったし、(❿　　　　　　) の時のことだから。

B　えー、つまんなーい。

8

駅弁(えきべん)

철도 도시락

여러분은 어떤 때 도시락을 먹나요?
일본 가게에서는 어떤 도시락을 팔고 있을까요?
일본의 도시락 문화에 대해서 읽어 봅시다.

주요 문형

동사의 가능형 / ~ています / ~し

본문

015 mp3

お弁当は、外に持っていけるように、ごはんやおかずを容器に入れたものです。駅や電車の中で売っているお弁当は「駅弁」といいます。地方ごとのおいしいものが入っている駅弁はとても人気があり、デパートでは時々「駅弁大会」も開かれます。これは、全国の有名な駅弁を売るイベントです。その地方まで行かないと食べられない駅弁を簡単に買えるので、毎回多くの人が集まります。

日本では4月10日が「駅弁の日」です。数字の「4」と漢字の「十」を合わせると「弁」に見えるからです。日本では昔からお弁当を食べる習慣がありました。今では、コンビニや街のお弁当屋さんでいろいろな種類のお弁当を売っています。家でお弁当を作って持っていくこともありますし、外でお弁当を買って食べることもあります。今でも、外に持っていって食べることもありますが、最近では、お弁当を買ってきて、家で食べることもあります。

全国に駅弁はたくさんありますが、その中でも、群馬県の「峠の釜めし」が有名です。一人用の釜に入ったごはんの上に、卵、鶏肉、ごぼう、栗などが乗っています。おいしいですし、食べおわった後の釜を使うこともできるので、人気があります。また、北海道の「いかめし」も人気です。イカの中にごはんが入っているもので、北海道の名物の一つとなっています。地方に行ったら、その土地の駅弁を食べてみるのもいいでしょう。

독해 문제 다음 문장이 본문의 내용과 맞으면 ○, 다르면 ×표 하세요.

1 駅弁(えきべん)は、駅や電車(でんしゃ)の中で売っています。（　　）

2 日本では昔(むかし)からお弁当(べんとう)を食べる習慣(しゅうかん)がありました。（　　）

3 日本では、8月10日が駅弁の日です。（　　）

4 群馬県(ぐんまけん)では、イカの中にごはんが入った駅弁が有名です。（　　）

5 コンビニには、お弁当がありません。（　　）

단어 및 표현

- □ お弁当(べんとう) 도시락
- □ おかず 반찬
- □ 駅弁(えきべん) 기차 안이나 역에서 파는 도시락
- □ デパート 백화점
- □ 全国(ぜんこく) 전국
- □ 昔(むかし) 옛날
- □ 群馬県(ぐんまけん) 군마현<지명>
- □ 卵(たまご) 계란
- □ 栗(くり) 밤
- □ 名物(めいぶつ) 명물
- □ 外(そと) 밖
- □ 容器(ようき) 용기
- □ 地方(ちほう) 지방
- □ 時々(ときどき) 때때로
- □ 毎回(まいかい) 매회, 매번
- □ 習慣(しゅうかん) 습관
- □ 峠(とうげ) 고개
- □ 鶏肉(とりにく) 닭고기
- □ 北海道(ほっかいどう) 홋카이도<지명>
- □ 地方(ちほう) 지방, 수도 외의 지역
- □ ごはん 밥
- □ 入(い)れる 넣다, 담다
- □ ～ごと ~마다
- □ 開(ひら)く 열리다, 열다
- □ 数字(すうじ) 숫자
- □ 種類(しゅるい) 종류
- □ 釜(かま)めし 솥밥
- □ ごぼう 우엉
- □ イカ 오징어
- □ 土地(とち) 그 지방, 고장

문형 연습

1 동사의 가능형 ~할 수 있다

어떤 것의 성질에 의해 가능한 것, 상황이나 기회에 의해 가능성이 있는 것, 능력이나 기술에 의해 가능한 것을 나타낸다.

- この教室(きょうしつ)は広いので、200人は**入れます**。
- 私はアメリカに留学(りゅうがく)したことがあるので、英語が**話せます**。
- あの店ではおいしい韓国料理(かんこくりょうり)が**食べられます**。
- その問題(もんだい)は難(むずか)しくて**答(こた)えられません**でした。

2 ～ている ~어 있다

자동사에 붙어, 어떤 동작의 결과로서 상태를 나타낸다.

- 車にイヌが乗っ**ています**。
- 部屋(へや)の窓が開(あ)い**ています**。
- ナイフとフォークが並(なら)ん**でいます**。
- 床(ゆか)に財布(さいふ)が落(お)ち**ています**。

3 ～し ~하고

활용어의 종지형에 붙어 절과 절을 잇는 표현으로, '그리고'의 의미를 지닌다. 두 개 이상의 이유를 나타내기도 한다.

- 彼は歌がうまいし、サッカーも上手(じょうず)です。
- 今日は雨だし、寒(さむ)いし、外(そと)に行くのはやめよう。
- あなたはまだ若(わか)いし、きれいだし、すぐに恋人(こいびと)が見(み)つかりますよ。
- 店員(てんいん)も親切(しんせつ)だし、料理(りょうり)もおいしいし、とてもいいお店です。

단어 및 표현

- □ 留学(りゅうがく)する 유학하다
- □ ナイフ 나이프, 칼
- □ 床(ゆか) 바닥
- □ 恋人(こいびと) 연인
- □ 問題(もんだい) 문제
- □ フォーク 포크
- □ 落(お)ちる 떨어지다
- □ 見(み)つかる 발견하다
- □ 答(こた)える 답하다
- □ 並(なら)ぶ 늘어서다, 나란하다
- □ 若(わか)い 젊다
- □ 店員(てんいん) 점원

연습 문제

1 文型

1 [　　] の中の言葉を使って文を完成させなさい。

「買う」의 가능형	ている	し

① 家でお弁当(べんとう)を作ることもあります (　　　　　)、外(そと)で買うこともあります。

② 駅弁大会(えきべんたいかい)では駅弁を簡単(かんたん)に (　　　　　) ので、毎年(まいとし)多くの人が集(あつ)まります。

③ 地方(ちほう)ごとのおいしいものが入っ (　　　　　) 駅弁はとても人気(にんき)があります。

④ おいしいです (　　　　　)、 食べおわった後は家で使うこともできます。

2 [　　] の中の言葉と (　　) の言葉を使って、文を完成させなさい。

동사의 가능형	～ている	～し

① 難(むずか)しい漢字(かんじ)を (読む ➡　　　　　) ようになりたいです。

② 来月、今 (住む ➡　　　　　) 家から新(あたら)しい家に引(ひ)っ越(こ)します。

③ お金も (ない ➡　　　　　) 、時間も (遅い ➡　　　　　) 、もう家に帰りましょう。

④ 3歳(さい)の娘(むすめ)が、一人で服を (着る ➡　　　　　) ようになりました。

2 言葉の使い方

1 ＿＿ の中の言葉を一つ選んで、適当な形にして ＿＿＿ に書きなさい。

見える	入れる	時々	ごと	集まる

① 毎日ではありませんが、＿＿＿＿ジョギングをします。

② 全員(ぜんいん)、10時までに教室(きょうしつ)に＿＿＿＿てください。

③ グループ＿＿＿＿にレポートを書いて、出してください。

④ スカイツリーから東京(とうきょう)ディズニーランドが＿＿＿＿ますか。

2 次の言葉を使って ＿＿＿ の短文を作りなさい。

① 도시락은 **밖에 들고 갈 수 있도록 밥이나 반찬을 용기에 넣은** 것입니다.
(外(そと)、おかず、容器(ようき)、入(い)れる)

→ お弁当(べんとう)は、＿＿＿＿＿＿＿＿＿＿＿＿＿＿＿＿ものです。

② 최근에는 **도시락을 사 와서 집에서 먹는 일도 있습니다.** (お弁当)

→ 最近(さいきん)では、＿＿＿＿＿＿＿＿＿＿＿＿＿＿＿＿＿＿。

③ **그 지방까지 가지 않으면 먹을 수 없는** 철도 도시락을 간단히 살 수 있습니다. (地方(ちほう))

→ ＿＿＿＿＿＿＿＿＿＿＿＿＿＿＿＿駅弁(えきべん)を簡単(かんたん)に買うことができます。

④ 이카메시는 지금은 **홋카이도의 명물 중 하나가 되었습니다.** (北海道(ほっかいどう)、名物(めいぶつ))

→ いかめしは、今では、＿＿＿＿＿＿＿＿＿＿＿＿＿＿＿＿。

회화

다음은 본문과 관련된 회화입니다. 들으면서 빈칸을 채우세요.

016 mp3

A　それ、ミキちゃんの (❶　　　　　　　)?

B　うん。今朝(けさ)、自分で (❷　　　　　　　) を作ってきたの。

A　うわぁ、(❸　　　　　　　)も多くて、(❹　　　　　　　) で売っている
お弁当(べんとう)みたい。

B　それほどでもないよ。中学生の時から作っていたから、
(❺　　　　　　　) になっているだけ。

A　すごいな。僕は自分では作れないから、たまに (❻　　　　　　　) を
買って食べるよ。

B　それもおいしいよね。私は (❼　　　　　　　) の中にごはんが入っている
やつが好き。

A　ああ、知ってる。北海道(ほっかいどう)の (❽　　　　　　　) だよね。
一度(いちど)食べてみたいな。

B　(❾　　　　　　　) に行ったら、その土地(とち)の (❿　　　　　　　) な
お弁当を食べるのも旅行(りょこう)の楽しみよね。

A　ああ、おなかすいた。コンビニでお弁当買ってこよう。

B　行ってらっしゃい。

9

お風呂(ふろ)

목욕

여러분은 목욕할 때 욕조에 들어가나요? 아니면 샤워만 하나요?
다른 사람과 함께 목욕을 한 적이 있나요?
일본의 목욕 문화에 대해서 읽어 봅시다.

주요 문형

～おわる / ～てしまう / ～(た)まま

본문

017 mp3

日本人はお風呂が好きだといわれますが、なぜでしょうか。日本は、全国各地に温泉があります。千年以上前の本にも、温泉のことが書いてあります。昔から日本人にとってお風呂は身近なものだったのでしょう。

日本語では、お湯の入った浴槽のことを「湯船」といいます。なぜお風呂に「船」という言葉を使うのでしょうか。江戸時代、東京は川の多い町でした。お湯を入れたおけを積んだ船が、川を流れてやってきました。これが、移動式のお風呂だったのです。

町にもお風呂屋はありましたが、船では川の水を使うので、お風呂屋より安かったそうです。それに、お風呂屋がないところでも、この船なら川で移動できるので、とても人気があったそうです。お湯を積んだ船なので、その船は「湯船」と呼ばれていました。今でも、その名前が残ったままになっています。

多くの日本人は、湯船にお湯をためて入ります。家族全員が同じお湯を使う家庭も多いです。でも、だれかが入りおわったら、お湯がきたなくなって、冷たくなってしまうと思うでしょう。日本の家庭の浴室は湯船と洗い場が別々にあるので、洗い場で体をきれいに洗ってから湯船に入ります。それに、日本のお風呂には「保温」や「追いだき」という機能があり、お湯が冷たくなってもまた温かくすることができるのです。

독해 문제 다음 문장이 본문의 내용과 맞으면 ○, 다르면 ×표 하세요.

1 日本中(にほんじゅう)にたくさんの温泉(おんせん)があります。（　　）

2 日本人は湯船(ゆぶね)にお湯(ゆ)をためて入浴(にゅうよく)することが多いです。（　　）

3 最後(さいご)にお風呂(ふろ)に入る人は、きたなくて、冷(つめ)たくなってしまったお湯に入ります。（　　）

4 お湯の入った浴槽(よくそう)のことを「湯船」といいます。（　　）

5 江戸時代(えどじだい)は、町にお風呂屋(ふろや)がありませんでした。（　　）

단어 및 표현

- □ お風呂(ふろ) 목욕(탕)
- □ 昔(むかし) 옛날
- □ 浴槽(よくそう) 욕조
- □ おけ 통, 나무통
- □ お風呂屋(ふろや) 대중목욕탕
- □ 残(のこ)る 남다
- □ 同(おな)じだ 같다
- □ 浴室(よくしつ) 욕실
- □ 洗(あら)う 씻다
- □ 機能(きのう) 기능
- □ 全国各地(ぜんこくかくち) 전국 각지
- □ 身近(みぢか) 친근함, 친숙함
- □ 湯船(ゆぶね) 욕조
- □ 積(つ)む 쌓다
- □ それに 게다가
- □ ためる 모으다
- □ 家庭(かてい) 가정
- □ 洗(あら)い場(ば) 목욕탕에서 몸을 씻는 곳
- □ 保温(ほおん) 보온
- □ 温(あたた)かい 따뜻하다
- □ 温泉(おんせん) 온천
- □ お湯(ゆ) 더운물
- □ 江戸時代(えどじだい) 에도 시대(1603~1868년)
- □ 移動式(いどうしき) 이동식
- □ 呼(よ)ぶ 부르다
- □ 全員(ぜんいん) 전원
- □ 冷(つめ)たい 차갑다
- □ 別々(べつべつ)に 따로따로
- □ 追(お)いだき 식은 목욕물을 다시 데우는 것

문형 연습

1 ～おわる 다 ~하다

「동사의 ます형」에 접속하여, 동작·작용의 완료를 나타낸다.

- 8時までに夕飯(ゆうはん)を食べおわりました。
- テレビを見おわったら、電源(でんげん)を切(き)りなさい。
- おもちゃを使いおわったら、ここに戻(もど)してください。
- メールを書きおわるまで、10分かかりました。

2 ～てしまう ~해 버리다, ~하고 말다

동작의 과정이 완료되는 것을 나타낸다. 문맥에 따라서는 아쉬움이나 후회 등의 기분을 담아서 사용된다. 구어체에서는 「～ちゃう」가 된다.

- 彼女はもう家に帰ってしまいました。
- 昨日、携帯電話(けいたいでんわ)をなくしてしまいました。
- まちがえて、大切(たいせつ)なファイルを消(け)してしまった。
- 雨にぬれたせいで、風邪(かぜ)をひいちゃった。

3 ～(た)まま ~한 채

같은 상태가 변하지 않고 이어지는 것을 나타내며 「동사의 た형」에 접속한다. 구어체에서는 「～まんま」가 된다.

・座(すわ)っ**たまま**、話を聞いてください。

・コンタクトレンズをし**たまま**寝(ね)たので、目が痛(いた)いです。

・彼に1万円借(か)り**たまま**、1ヶ月もたってしまいました。

・私はたまに部屋の電気(でんき)をつけ**たまま**朝まで寝てしまうことがある。

단어 및 표현

- □ 電源(でんげん) 전원
- □ 戻(もど)す 되돌리다
- □ 消(け)す 지우다
- □ コンタクトレンズ 콘택트렌즈
- □ 電気(でんき) 전기
- □ 切(き)る 끊다, 끄다
- □ もう 이미, 벌써
- □ ぬれる 젖다
- □ たつ 경과하다
- □ おもちゃ 장난감
- □ ファイル 파일
- □ 風邪(かぜ)をひく 감기에 걸리다
- □ たまに 가끔

연습 문제

1 文型

1 （　　　）の中の言葉を使って文を完成させなさい。

おわる　　　しまう　　　まま

① お湯がよごれて (　　　　) ので、体を洗ってから、湯船に入ってください。

② 自分のタオルを持った (　　　　) 湯船に入ってはいけません。

③ 時間がたつと、お湯が冷たくなって (　　　　) と思います。

④ だれかが入り (　　　　) と、お湯がきたなくなるでしょう。

2 （　　　）の中の言葉と (　　) の言葉を使って、文を完成させなさい。

～おわる　　　～てしまう　　　～(た)まま

① 彼はインフルエンザにかかって、先週からずっと (休む ➡　　　　　　) です。

② ペットのネコが、病気で (死ぬ ➡　　　　　　) ました。

③ 私が会社に来た時には、もう彼はすべての資料を (作る ➡　　　　　　) いました。

④ 買ったばかりの時計が、(壊れる ➡　　　　　　) ました。

2 言葉の使い方

1 [　　] の中の言葉を一つ選んで、適当な形にして ＿＿ に書きなさい。

きたない	ためる	残る	同じ	別々に

① 床(ゆか)をふいたので、タオルが＿＿＿＿なりました。

② 私だけ仕事(しごと)が早く終(お)わったので、友だちと＿＿＿＿帰ります。

③ 留学(りゅうがく)するために、アルバイトしてお金を＿＿＿＿います。

④ お金をたくさん使ったので、もうほとんど＿＿＿＿いません。

2 次の言葉を使って ＿＿＿ の短文を作りなさい。

① **일본인은 목욕을 좋아한다고 말해집니다만** 왜일까요? (お風呂(ふろ))

→ ＿＿＿＿＿＿＿＿＿＿＿＿＿＿＿＿＿＿、なぜでしょうか。

② 누군가가 목욕을 마치면 **더운물이 더러워지고 차가워져 버린다**고 생각할 것입니다.
(きたない、冷(つめ)たい)

→ だれかが入りおわったら、＿＿＿＿＿＿＿＿＿＿＿＿＿＿＿＿と思うでしょう。

③ 욕조와 씻는 곳이 따로따로 있기 때문에, **씻는 곳에서 몸을 깨끗하게 씻고 나서 욕조에 들어갑니다**.

→ 湯船(ゆぶね)と洗(あら)い場(ば)が別々(べつべつ)にあるので、＿＿＿＿＿＿＿＿＿＿＿＿＿＿。

④ '목욕탕 배'라는 이름이 **지금도 남아 있는 채로 있습니다**. (残る、～まま)

→「湯船」という名前が＿＿＿＿＿＿＿＿＿＿＿＿＿＿＿＿＿＿。

회화

다음은 본문과 관련된 회화입니다. 들으면서 빈칸을 채우세요.

018 mp3

A　最近寒(さいきんさむ)いね。
　　こんな日は (❶　　　　　　) でも (❷　　　　　　) たいなぁ。

B　そう？ (❸　　　　　　) なんて、シャワーで十分(じゅうぶん)だと思うけど。

A　日本では、(❹　　　　　　) を (❺　　　　　　) 入るのが普通(ふつう)だよ。

B　でも、毎回(まいかい)お湯(ゆ)をかえるのは、時間もお金もかかるし、
　　大変(たいへん)じゃない？

A　家族みんなが (❻　　　　　　) お湯に入る時もあるよ。

B　えぇ～！ だれかが入ったお湯なんて、(❼　　　　　　) じゃない。

A　ちゃんと体をきれいに(❽　　　　　　) から入るから、
　　(❾　　　　　　) よ。

B　そうなんだ。私はだれかと同(おな)じお風呂(ふろ)に入ったことがないから。

A　(❿　　　　　　) なんて、知らない人と一緒(いっしょ)に入るんだよ。
　　でも広いし、きれいだし、楽しいよ。

B　ふーん、そうなんだ。今度(こんど)行ってみようっと。

10

ことわざ

속담

여러분은 일본 속담을 알고 있나요?
속담은 어떤 메시지를 담고 있을까요?
일본의 속담에 대해서 읽어 봅시다.

주요 문형

~はずがない / ~という / ~も

본문

019 mp3

みなさんは、なにか日本のことわざを知っていますか。日本のことわざには、動物がよく出てきます。「ネコに小判」、「馬が合う」、「カエルの子はカエル」などです。

ネコに小判(お金)をあげても、ネコはその価値がわかるはずがありません。だから、「ネコに小判」は、価値がわからない人にいいものをあげてもむだだという意味です。同じ意味で「ブタに真珠」ということわざもあります。「馬が合う」は、馬と馬に乗る人のように、性格がよく合うことをいいます。「カエルの子はカエル」は、子どもは親に似るものだということです。ほかにも、動物が出てくることわざはたくさんあるので、調べてみましょう。

ことわざには、メッセージがあるものもあります。「石の上にも3年」というのは、どんなにつらくてもがまんしていれば、かならずいつかいいことがある、という意味のことわざです。冷たい石でも、その上に3年間も座っていれば温かくなるからです。これと似た意味で、「継続は力なり」という言葉もあります。小さな努力でも続けていけば大きな結果が出る、あきらめずに続けることが大切だ、という意味です。日本語の勉強も同じです。どんなに大変でもあきらめずに続けていけば、いつかいい結果が出るでしょう。

독해 문제 다음 문장이 본문의 내용과 맞으면 ○, 다르면 ×표 하세요.

1 日本のことわざには、動物(どうぶつ)が出てくるものが多いです。（　　）

2 「ネコに小判(こばん)」は、ネコにはいいものをあげたほうがいいという意味(いみ)です。（　　）

3 「ネコに小判」と「ブタに真珠(しんじゅ)」は同(おな)じ意味です。（　　）

4 自分とちがう性格(せいかく)のことを「馬が合う」といいます。（　　）

5 「継続(けいぞく)は力(ちから)なり」は、あきらめずに続(つづ)けることが大切(たいせつ)だという意味です。（　　）

단어 및 표현

- □ ことわざ 속담
- □ 小判(こばん) 에도 시대의 금화
- □ 価値(かち) 가치
- □ ブタ 돼지
- □ 性格(せいかく) 성격
- □ ほかにも 그 밖에도
- □ がまんする 참다
- □ 継続(けいぞく) 계속
- □ 結果(けっか) 결과
- □ 動物(どうぶつ) 동물
- □ 馬(うま) 말
- □ むだだ 쓸데없다, 헛되다
- □ 真珠(しんじゅ) 진주
- □ 親(おや) 부모
- □ 調(しら)べる 조사하다
- □ かならず 반드시
- □ 力(ちから) 힘
- □ あきらめる 단념하다
- □ ネコ 고양이
- □ カエル 개구리
- □ 意味(いみ) 의미
- □ ～ように ~처럼
- □ 似(に)る 닮다
- □ つらい 괴롭다
- □ 座(すわ)る 앉다
- □ 努力(どりょく) 노력
- □ 大切(たいせつ)だ 중요하다

문형 연습

1 ~はずがない ~일리가 없다

'있을 수 없다, 불가능하다, 이상하다' 등 말하는 사람의 강한 의심을 나타낸다.

- 妹が結婚(けっこん)することを、私が知らないはずがない。
- あんなにいい人がそんな悪(わる)いことをするはずがないでしょう。
- 彼はアメリカに住(す)んでいるのだから、ここにいるはずがない。
- 毎日たばこを吸(す)っていて、体にいいはずがない。

2 ~という ~라는, ~라고 하는

이야기나 지식, 사건 등의 내용을 구체적으로 나타낼 때 사용한다.

- 電話(でんわ)に出ないということは、まだ寝(ね)ているのでしょう。
- 部屋の電気(でんき)がついているということは、彼女は部屋にいるようだ。
- 宿題(しゅくだい)を持ってくるのを忘(わす)れたということは、やらなかったということと同(おな)じです。
- ニュースによると、今年の冬はとても寒いということだ。

3 ～も ~이나

수량의 많음이나 정도의 높음을 강조할 때 사용한다.

- 仕事(しごと)が忙(いそが)しくて、もう3日も家に帰っていません。
- 簡単(かんたん)な仕事をしただけなのに、5万円ももらいました。
- 昨日は飲(の)み会(かい)で、ビールを10本も飲んでしまいました。
- 昨日、漫画(まんが)を5冊も読みました。

단어 및 표현

- 結婚(けっこん)する 결혼하다
- 忘(わす)れる 잊다
- ビール 맥주
- 電気(でんき) 전기
- ニュース 뉴스
- 漫画(まんが) 만화
- つく (불이) 켜지다
- 飲(の)み会(かい) 술 모임, 회식

연습 문제

1 文型

1 ［　　　］の中の言葉を使って文を完成させなさい。

> はずがない　　　という　　　も

① 冷【つめ】たい石でも、その上に3年間 (　　　　　) 座【すわ】っていれば温【あたた】かくなります。

② 「カエルの子はカエル」は、子どもは親【おや】に似【に】るものだ (　　　　　) ことです。

③ ネコにお金をあげても、その価値【かち】がわかる (　　　　　) のです。

④ 「継続【けいぞく】は力【ちから】なり」は、小さな努力【どりょく】でも続【つづ】けていけば大きな結果【けっか】が出る (　　　　　) ことです。

2 ［　　　］の中の言葉と (　　) の言葉を使って、文を完成させなさい。

> ～はずがない　　　～という　　　～も

① 久【ひさ】しぶりに会った友だちと、カフェで (3時間 ➔　　　　　) 話してしまったよ。

② 彼はすごく正直【しょうじき】な人だから、うそを (つく ➔　　　　　) と信【しん】じています。

③ 今、仕事を (やめる ➔　　　　　) ことは、夢【ゆめ】をあきらめるということです。

④ 遊んでばかりいたら、大学に合格【ごうかく】(できる ➔　　　　　) でしょう。

2 言葉の使い方

1 [ ] の中の言葉を一つ選んで、適当な形にして ＿＿＿ に書きなさい。

むだ　　結果　　つらい　　がまんする　　調べる

① レポートを書くために、日本のことわざについて＿＿＿＿＿います。

② 注射(ちゅうしゃ)をするので、痛(いた)くても少し＿＿＿＿＿てください。

③ プロジェクトが中止(ちゅうし)になり、準備(じゅんび)したものがすべて＿＿＿＿＿になりました。

④ テストの＿＿＿＿＿を聞いて、彼女は泣(な)きだしてしまいました。

2 次の言葉を使って ＿＿＿ の短文を作りなさい。

① **속담에는 동물이 자주 나옵니다**. (ことわざ、動物(どうぶつ))

→ ＿＿＿＿＿＿＿＿＿＿＿＿＿＿＿＿＿＿＿＿。

② '돼지에 진주'는 **가치를 모르는 사람에게 좋은 것을 줘도 쓸데없다**고 하는 의미입니다.
(価値(かち)、むだ)

→「ブタに真珠(しんじゅ)」は、＿＿＿＿＿＿＿＿＿＿＿＿＿＿という意味(いみ)です。

③ 아무리 괴로워도 참고 있으면 **반드시 언젠가 좋은 일이 있습니다**. (かならず)

→ どんなにつらくてもがまんしていれば、＿＿＿＿＿＿＿＿＿＿＿＿。

④ **일본어 공부도 단념하지 않고 계속해 가면**, 언젠가 좋은 결과가 나올 것입니다.
(あきらめる、続(つづ)ける)

→ ＿＿＿＿＿＿＿＿＿＿＿＿＿＿、いつかいい結果(けっか)が出るでしょう。

회화

다음은 본문과 관련된 회화입니다. 들으면서 빈칸을 채우세요.

020 mp3

A　わ、その指輪(ゆびわ)、すごいね。どうしたの？

B　タクマくんにもらったの。有名人(ゆうめいじん)と (❶　　　　　) ものなんだって。

A　えぇ！ そんなに高いプレゼントをくれたの！？

B　私はあんまりブランドに興味(きょうみ)がないから、よくわからないんだけど…。

A　すっごく高いんだよ、それ。
まったく、(❷　　　　　) に (❸　　　　　) だね。

B　どういう (❹　　　　　) よ？
私だって、ダイヤモンドの(❺　　　　　) ぐらいわかるわよ。

A　タクマくんは、それを買うために、ずっとバイトを続(つづ)けていたんだね。

B　うん。(❻　　　　　) 時も、私のために (❼　　　　　) いてくれたみたい。

A　うーん、彼の (❽　　　　　) が (❾　　　　　) にならないといいけど。

B　わかってるわよ。ずっと (❿　　　　　) にするわ。
この指輪も、タクマくんも！

11

なつ まつ
夏祭り

여름 마쓰리

여름 마쓰리에 간 적이 있나요?
여름 마쓰리에는 어떤 상점이 나오는지 알고 있나요?
일본의 여름 마쓰리에 대해서 읽어 봅시다.

~てくる / ~てもいい / ~かた

본문

021 mp3

夏になると、日本では、全国各地で祭りが開かれます。青森県のねぶた祭り、高知県のよさこい祭りなどが有名です。

日本の夏は気温も湿度も高く、過ごしにくい季節です。昔は夏に病気になる人が多かったので、病気がなくなることを願って、祭りが始まりました。また、たんぼや畑が台風や虫の被害を受けず、食べ物がたくさんできることも願いました。

そして、祭りといえば、屋台です。屋台は、移動することができて、屋根がある小さなお店のことです。屋台で焼きそば、わたあめ、かき氷など、いろいろな食べ物を買ってきて、外で食べることができます。また、金魚すくいや射的など、簡単なゲームができる屋台もあります。金魚すくいは薄い紙をはった道具で、泳いでいる金魚をすくうゲームです。取った金魚は家に持って帰ってもいいです。

祭りで人がたくさん集まると、花火をしたり、盆おどりをしたりします。盆おどりはたいこや歌に合わせて、みんなで丸くなっておどります。おどりかたを知らなくても、まわりの人に合わせておどれば大丈夫です。もともとは、死んだ人の霊を送るための仏教のおどりでしたが、今では祭りに来た人たちが楽しむためのイベントになっています。

このように、日本の祭りはとてもにぎやかで楽しいものです。祭りに行くと、日本の夏を感じることができるでしょう。

독해 문제 다음 문장이 본문의 내용과 맞으면 ○, 다르면 ×표 하세요.

1 夏には、青森県(あおもりけん)、高知県(こうちけん)だけで祭りが開(ひら)かれます。（　　）

2 暑くて食べ物が食べられない人のために、夏祭(なつまつ)りが始(はじ)まりました。（　　）

3 屋根(やね)がついていて、移動(いどう)できる小さなお店のことを、屋台(やたい)といいます。（　　）

4 屋台は、食べ物だけを売るお店のことです。（　　）

5 盆(ぼん)おどりはもともと、仏教(ぶっきょう)のおどりでした。（　　）

단어 및 표현

- □ 全国各地(ぜんこくかくち) 전국 각지
- □ 青森県(あおもりけん) 아오모리현<지명>
- □ 湿度(しつど) 습도
- □ 病気(びょうき)になる 병이 나다
- □ 畑(はたけ) 밭
- □ 屋台(やたい) 포장마차
- □ 焼(や)きそば 야키소바, 볶음국수
- □ 金魚(きんぎょ)すくい 금붕어 건지기 놀이
- □ 道具(どうぐ) 도구
- □ 花火(はなび) 불꽃놀이
- □ 合(あ)わせる 맞추다
- □ もともと 원래, 본디
- □ イベント 이벤트, 행사
- □ 祭(まつ)り 마쓰리, 축제
- □ 高知県(こうちけん) 고치현<지명>
- □ 過(す)ごす 지내다, 보내다
- □ 願(ねが)う 원하다, 바라다
- □ 台風(たいふう) 태풍
- □ 移動(いどう)する 이동하다
- □ わたあめ 솜사탕
- □ 射的(しゃてき) 공기총 놀이
- □ すくう 뜨다, 건지다
- □ 盆(ぼん)おどり 우란분재에 추는 춤
- □ 丸(まる)い 둥글다
- □ 霊(れい) 영혼
- □ 感(かん)じる 느끼다
- □ 開(ひら)く 열리다, 열다
- □ 気温(きおん) 기온
- □ 季節(きせつ) 계절
- □ たんぼ 논
- □ 被害(ひがい) 피해
- □ 屋根(やね) 지붕
- □ かき氷(ごおり) 빙수
- □ はる 붙이다
- □ 集(あつ)まる 모이다
- □ たいこ 북
- □ おどる 춤추다
- □ 仏教(ぶっきょう) 불교

문형 연습

1 ~てくる ~하고 오다

어떤 행위를 하고 나서 오는 것을 나타낸다.

- ちょっと電話(でんわ)をかけてきます。
- 1時間も歩(ある)いてきたので、疲(つか)れました。
- 母を呼(よ)んできますから、ここで待っていてください。
- コンビニでお弁当(べんとう)を買ってきました。

2 ~てもいい ~해도 된다

허가나 허용의 의미를 나타낸다. 「~てもかまわない(~해도 상관없다)」와 거의 같은 의미이다.

- テストが終わった人は帰(かえ)ってもいいです。
- お酒(さけ)が嫌(きら)いなら、飲まなくてもいいです。
- このくつを、ちょっとはいてみてもいいですか。
- ここにあるものは自由(じゆう)に使ってもいいです。

3 ~かた ~하는 법

「동사의 ます 형」에 붙어 '~하는 방법'이란 뜻을 나타낸다.

- 駅への行きかたがわかりません。
- この漢字(かんじ)の読みかたを教えてください。
- コンピューターの使いかたは、この紙(かみ)に書いてあります。
- あなたの国の料理(りょうり)の作りかたを教えてくださいませんか。

단어 및 표현

- □ 電話(でんわ)をかける 전화를 걸다
- □ くつ 구두, 신발
- □ 紙(かみ) 종이
- □ 疲(つか)れる 지치다, 피곤하다
- □ はく 신다
- □ 呼(よ)ぶ 부르다
- □ 自由(じゆう)に 자유롭게

연습 문제

1 文型

1 (　　　) の中の言葉を使って文を完成させなさい。

てくる　　　てもいい　　　かた

① 私が屋台(やたい)でかき氷(ごおり)を買っ (　　　　　) ので、ここで待っていてください。

② ここで花火(はなび)をし (　　　　　) ですか。

③ 金魚(きんぎょ)すくいで取った金魚は、家に持って帰っ (　　　　　) です。

④ 盆(ぼん)おどりのおどり (　　　　　) を教えてください。

2 (　　　) の中の言葉と（　　）の言葉を使って、文を完成させなさい。

～てくる　　　～てもいい　　　～かた

① おなかが痛(いた)いなら、授業(じゅぎょう)を (休む → 　　　　　) ですよ。

② ハングルの (書く → 　　　　　) がわからないので、カタカナで書きます。

③ 明日からタイに旅行(りょこう)に (行く → 　　　　　) ので、また来週会いましょう。

④ わからない単語(たんご)があったら、辞書(じしょ)を (使う → 　　　　　) です。

2 言葉の使い方

1 ［　　］の中の言葉を一つ選んで、適当な形にして ＿＿ に書きなさい。

開く	移動する	イベント	集まる	合わせる

① これは、有名な歌手が集(あつ)まる＿＿＿＿です。

② 明日は遊園地(ゆうえんち)に行くので、9時までに駅前に＿＿＿＿てください。

③ みんなでリズムを＿＿＿＿て歌ってください。

④ 来月、山田(やまだ)さんの誕生日(たんじょうび)パーティーを＿＿＿＿うと思います。

2 次の言葉を使って ＿＿＿ の短文を作りなさい。

① **춤추는 법을 몰라도 주변 사람에 맞춰** 춤추면 괜찮습니다. (おどる、かた、合わせる)

→ ＿＿＿＿＿＿＿＿＿＿＿＿＿＿＿＿おどれば大丈夫です。

② 포장마차는 **이동할 수 있고 지붕이 있는 작은 가게**입니다. (移動(いどう)する、屋根(やね))

→ 屋台(やたい)は、＿＿＿＿＿＿＿＿＿＿＿＿＿＿＿＿のことです。

③ 본오도리는 **북이나 노래에 맞춰서 모두 둥글게 되어** 춤춥니다.
(たいこ、合(あ)わせる、丸(まる)い)

→ 盆(ぼん)おどりは、＿＿＿＿＿＿＿＿＿＿＿＿＿＿＿＿おどります。

④ 일본의 마쓰리는 **매우 떠들썩하고 즐거운 이벤트입니다**. (イベント)

→ 日本の祭(まつ)りは＿＿＿＿＿＿＿＿＿＿＿＿＿＿＿＿。

회화

다음은 본문과 관련된 회화입니다. 들으면서 빈칸을 채우세요.

022 mp3

A　来週(らいしゅう)、近所(きんじょ)で (❶　　　　　) があるんだけど、一緒(いっしょ)に行かない？

B　わぁ、行く、行く！最近(さいきん)ずっと (❷　　　　　) が高いから、
外(そと)に遊びに行けなかったの。

A　祭(まつ)りに行ったら、(❸　　　　　) でいろいろ食べようね。

B　もちろん！わたあめを食べて、(❹　　　　　) を食べて･･･
金魚(きんぎょ)すくいもしたいな。

A　(❺　　　　　) は、やったことある？

B　ううん。歌や (❻　　　　　) の音は聞いたことあるけど、
(❼　　　　　) はわからない。

A　教えてあげるよ。音楽(おんがく)に (❽　　　　　) おどれば、難(むずか)しくないよ。

B　みんなでおどって、日本の夏(なつ)を (❾　　　　　) ことができそう。

A　祭りの最後(さいご)には、(❿　　　　　) もあるんだって。
一緒(いっしょ)に見に行こう。

B　すっごく楽しみ。さそってくれて、ありがとう！

12

結婚式
（けっこんしき）

결혼식

결혼식은 어떤 장소에서 열릴까요?
결혼식에서는 어떤 것을 하나요?
일본의 결혼식에 대해 읽어 봅시다.

~だす / ~なくてもかまわない / ~かどうか

본문

023 mp3

日本でも、結婚式は大切な行事です。神社や教会、ホテルやレストランなど、結婚式を行う場所はいろいろあります。

韓国では結婚式の前に、たくさんの人に招待状を出します。だから、招待状をもらった人は返事をしなくてもかまわないそうです。でも、日本では招待状をもらったら、結婚式に行けるかどうか、かならず返事をするのがマナーです。

結婚式に行く時の服は、スーツやドレス、着物が多いです。何色でもいいですが、白だけは着てはいけません。白は新婦のドレスの色だからです。

結婚式では新郎新婦から「ありがとう」の気持ちを伝えるために、招待した人に「引き出物」というお土産を渡します。引き出物の内容はさまざまですが、お皿やカップなどの食器、タオルやせっけんなどの日用品、おかし、お茶などが人気です。最近では、招待された人が自分でほしいものを選べるカタログギフトも多くなっています。

結婚式では友だちがスピーチやダンス、歌などで結婚を祝います。サプライズで、新郎や新婦がおどりだすこともあります。新郎新婦がケーキを切る、新婦がドレスを着替える、家族に感謝の手紙を読む、などのイベントもあります。泣いたり笑ったりして、たくさんの思い出を作れる日です。

독해 문제 다음 문장이 본문의 내용과 맞으면 ○, 다르면 ×표 하세요.

1 日本の結婚式(けっこんしき)はかならず神社(じんじゃ)で行(おこな)われます。（　　）

2 日本では、招待状(しょうたいじょう)をもらった人は返事(へんじ)をしなくてもいいです。（　　）

3 結婚式に行く人は白いドレスを着(き)るのがマナーです。（　　）

4 結婚式に招待された人は、新郎新婦(しんろうしんぷ)から引(ひ)き出物(でもの)をもらいます。（　　）

5 結婚式では新郎新婦や友だちがいろいろなイベントをします。（　　）

단어 및 표현

- □ 結婚式(けっこんしき) 결혼식
- □ 神社(じんじゃ) 신사
- □ 招待状(しょうたいじょう) 초대장
- □ マナー 매너, 예의
- □ だけ ~만, ~뿐
- □ 引(ひ)き出物(でもの) 답례품
- □ 内容(ないよう) 내용
- □ せっけん 비누
- □ 祝(いわ)う 축하하다
- □ おどる 춤추다
- □ 感謝(かんしゃ) 감사
- □ 大切(たいせつ)だ 중요하다, 소중하다
- □ 教会(きょうかい) 교회
- □ 返事(へんじ) 답, 답장
- □ スーツ 수트, 양복
- □ 新婦(しんぷ) 신부
- □ お土産(みやげ) 기념품, 선물
- □ さまざま 다양함
- □ 日用品(にちようひん) 일용품, 생필품
- □ サプライズ 서프라이즈, 놀라게 하는 것
- □ 切(き)る 자르다
- □ 思(おも)い出(で) 추억
- □ 行事(ぎょうじ) 행사
- □ 行(おこな)う 행하다, 시행하다
- □ かならず 반드시
- □ ドレス 드레스
- □ 新郎(しんろう) 신랑
- □ 渡(わた)す 건네주다
- □ 食器(しょっき) 식기
- □ 選(えら)ぶ 고르다
- □ 着替(きが)える 갈아입다

문형 연습

1 ~だす ~하기 시작하다

「동사의 ます형」에 붙어, 동작의 시작을 나타낸다. 갑자기 시작한다는 뉘앙스를 포함하는 경우가 많다.

・彼は家に帰ってくるとすぐにテレビを見だしました。

・朝は晴(は)れていたのに、夜になって雨が降(ふ)りだしました。

・さっきまで笑(わら)っていた子どもが、急(きゅう)に泣(な)きだしました。

・イヌはかいぬしを見ると、急に走(はし)りだした。

2 ~なくてもかまわない ~하지 않아도 상관없다

'~할 필요가 없다, ~하지 않아도 좋다'라는 의미를 나타낸다.

・予定(よてい)があるなら、来なくてもかまいません。

・JLPTのN2を持っているなら、このテストは受(う)けなくてもかまいません。

・毎日しなくてもかまわないので、たまにジョギングをしてください。

・わからなければ書かなくてもかまいません。

3 ~かどうか ~할지 어떨지

'~할지 ~하지 않을지, ~인지 ~아닌지'라는 의미를 나타낸다.

- 留学(りゅうがく)に行く**かどうか**は、あなたが自分で決(き)めなさい。
- このドラマがおもしろい**かどうか**は、見てから話しましょう。
- 明日のパーティーにエリさんが来る**かどうか**知っていますか。
- 彼女がこのプレゼントを喜(よろこ)ぶ**かどうか**わかりません。

단어 및 표현

- □ すぐに 곧
- □ かいぬし 주인, 동물을 기르는 사람
- □ ジョギング 조깅
- □ ドラマ 드라마
- □ さっき 좀 전
- □ 予定(よてい) 예정
- □ 留学(りゅうがく) 유학
- □ プレゼント 선물
- □ 急(きゅう)に 갑자기
- □ (テストを)受(う)ける (시험을) 치르다
- □ 決(き)める 정하다
- □ 喜(よろこ)ぶ 기뻐하다, 즐거워하다, 좋아하다

연습 문제

1 文型

1 （　　　）の中の言葉を使って文を完成させなさい。

だす　　なくても　　かどうか

① 新婦の手紙に感動して、泣き (　　　　　) 人もいました。

② 結婚式に行く時は、着物を着 (　　　　　) かまいません。

③ 招待状をもらったら、行ける (　　　　　)返事をするのがマナーです。

④ 歌が苦手なら、歌わ (　　　　　) かまわないから、代わりにスピーチをしてください。

2 （　　　）の中の言葉と (　　) の言葉を使って、文を完成させなさい。

～だす　　～なくてもかまわない　　～かどうか

① とても難しいので、子どもは (知る → 　　　　　) ことです。

② 太田さんに韓国料理が (好き → 　　　　　)、聞いてみてください。

③ 彼女は好きなアイドルのことを (話す → 　　　　　) と止まりません。

④ 面接でコンピューターが (使える → 　　　　　) 聞かれました。

2 言葉の使い方

1 ＿＿＿ の中の言葉を一つ選んで、適当な形にして ＿＿＿＿ に書きなさい。

切る	おどる	着替える	行う	渡す

① この町(まち)の夏祭(なつまつ)りは、毎年(まいとし)８月に神社(じんじゃ)で＿＿＿＿＿＿ます。

② 運動会(うんどうかい)では子どもたちが元気(げんき)にサンバを＿＿＿＿＿＿ました。

③ 先週(せんしゅう)、髪(かみ)を短く＿＿＿＿＿＿ました。

④ 飛行機(ひこうき)に乗る前に、楽な服に＿＿＿＿＿＿ほうがいいですよ。

2 次の言葉を使って ＿＿＿＿ の短文を作りなさい。

① 결혼식에 갈 때 옷은 **어떤 색이라도 괜찮지만, 흰색만은 입으면 안 됩니다.** (何色(なにいろ)、だけ)

→ 結婚式(けっこんしき)に行く時の服は＿＿＿＿＿＿＿＿＿＿＿＿＿＿＿＿＿＿＿＿。

② 초대장을 받으면 **결혼식에 갈 수 있는지 어떤지 반드시 답장을 하는** 것이 예의입니다. (かならず、返事(へんじ))

→ 招待状(しょうたいじょう)をもらったら、＿＿＿＿＿＿＿＿＿＿＿＿＿＿＿＿＿＿＿＿のがマナーです。

③ **초대받은 사람이 스스로 원하는 물건을 고를 수 있는** 카탈로그 선물도 많아지고 있습니다. (招待(しょうたい)、選(えら)ぶ)

→ ＿＿＿＿＿＿＿＿＿＿＿＿＿＿＿＿＿＿＿＿カタログギフトも多くなっています。

④ 깜짝 이벤트로 **신랑이나 신부가 갑자기 춤추기 시작하는** 경우도 있습니다. (新郎(しんろう)、新婦(しんぷ))

→ サプライズで＿＿＿＿＿＿＿＿＿＿＿＿＿＿＿＿＿＿＿＿こともあります。

회화

다음은 본문과 관련된 회화입니다. 들으면서 빈칸을 채우세요.

024 mp3

A　よしくんの (❶ 　　　　　　)、もう来月だね。

B　招待状(しょうたいじょう)の (❷ 　　　　　　) はもう出した？

A　うん。早(はや)めに出すのが (❸ 　　　　　　) だからね。服は決(き)まった？

B　私は新しく買った (❹ 　　　　　　) を着ようと思ってる。

A　買ったの？何色(なにいろ)にした？

B　ピンクだよ。(❺ 　　　　　　) 人は、白 (❻ 　　　　　　) は着ちゃだめだからね。

A　そうなんだ！知らなかった。(❼ 　　　　　　) が着る色だもんね。

B　大切(たいせつ)な (❽ 　　　　　　) だから、気をつけないと。

A　どんな結婚式(けっこんしき)になるんだろうね。よしくんも歌ったり (❾ 　　　　　　) するのかな？

B　きっと良(よ)い (❿ 　　　　　　) になるよ。楽しみだな。

13

新紙幣(しんしへい)

신지폐

일본의 지폐를 본 적이 있나요?
일본의 신지폐에는 누가 그려져 있는지 알고 있나요?
일본의 신지폐에 대해 읽어 봅시다.

주요 문형

～ことになる・～ことになっている / ～(よ)うとする / ～は～より

본문

025 mp3

紙幣とは紙のお金のことです。「お札」ともいいます。日本のお札には千円札、二千円札、五千円札、一万円札があります。二千円札は、ほかのお札より数が少ないため、あまり使われていません。最近ではめずらしいお札として人気で、外国人観光客がお土産にすることもあるそうです。日本では約20年に1回、新しいお札が作られることになっています。2024年には千円札、五千円札、一万円札のデザインが新しくなりました。

千円札に描かれている人は北里柴三郎です。1890年ごろ、原因がわからない病気が流行して、たくさんの人が亡くなりました。北里柴三郎は病気の人を助けようとして、病気にならない方法や病気を治す方法を見つけました。千円札の裏には有名な富士山と海の絵が描かれています。

五千円札は津田梅子です。6歳でアメリカに留学して、日本に帰った後、英語の先生になりました。働く女の人が少ない時代でしたが、津田梅子は女の人の教育を変えようとしました。津田梅子が作った学校は今でも残っています。五千円札の裏には花の絵が描かれています。

一万円札は渋沢栄一です。日本で初めて銀行を作った人です。そして、会社を約480個も作ったといわれています。一万円札の裏には東京駅の建物が描かれています。この建物に使われているレンガを作った会社も、渋沢栄一が作った会社なのです。

독해 문제 다음 문장이 본문의 내용과 맞으면 ○, 다르면 ×표 하세요.

1 日本ではお札(さつ)を作って約(やく)20年たったら、新しいお札が作られることが決(き)まっています。（　　）

2 千円札(せんえんさつ)と五千円札(ごせんえんさつ)の裏(うら)には富士山(ふじさん)と海(うみ)の絵が描かれています。（　　）

3 津田梅子(つだうめこ)はアメリカで英語の先生になった人です。（　　）

4 渋沢栄一(しぶさわえいいち)は日本で最初(さいしょ)の銀行(ぎんこう)を作った人です。（　　）

5 東京駅(とうきょうえき)の中には渋沢栄一が作った会社(かいしゃ)があります。（　　）

단어 및 표현

- □ 紙幣(しへい) 지폐
- □ めずらしい 드물다, 희귀하다
- □ 約(やく) 약, 대략
- □ 病気(びょうき) 병, 질병
- □ 助(たす)ける 구조하다, 돕다
- □ 裏(うら) 뒤, 뒷면
- □ 描(か)く 그리다
- □ 時代(じだい) 시대
- □ 残(のこ)る 남다
- □ 銀行(ぎんこう) 은행
- □ 建物(たてもの) 건물
- □ 紙(かみ) 종이
- □ 観光客(かんこうきゃく) 관광객
- □ デザイン 디자인
- □ 流行(りゅうこう)する 유행하다
- □ 方法(ほうほう) 방법
- □ 富士山(ふじさん) 후지산
- □ 留学(りゅうがく)する 유학하다
- □ 教育(きょういく) 교육
- □ 花(はな) 꽃
- □ 会社(かいしゃ) 회사
- □ レンガ 벽돌
- □ お札(さつ) 지폐
- □ お土産(みやげ) 기념품, 선물
- □ 原因(げんいん) 원인
- □ 亡(な)くなる 죽다
- □ 治(なお)す 고치다, 치료하다
- □ 海(うみ) 바다
- □ 働(はたら)く 일하다
- □ 変(か)える 바꾸다
- □ 初(はじ)めて 처음으로
- □ ～個(こ) ~개

문형 연습

1 ~ことになる・~ことになっている ~하게 되다, ~하게 되어 있다

동사의 사전형에 붙어, 앞으로의 행위에 대해서 어떠한 결정이 이루어지거나, 어떤 결과가 되거나 하는 것을 나타낸다. 자신의 의지와는 관계없이 저절로, 혼자서 그러한 결과가 됐다는 뉘앙스를 포함한다.

・来年から中国で働(はたら)く**ことになりました**。

・夏休みに家族で海外旅行(かいがいりょこう)に行く**ことになった**。

・6時に大学の前で友だちに会う**ことになっています**。

・この問題(もんだい)については、明日の会議(かいぎ)で話(はな)し合(あ)う**ことになっています**。

2 ~(よ)うとする ~하려고 하다

의지적인 행위를 나타내는 동사에 붙어, 그 동작을 실현하려고 노력하거나 시도하는 것을 나타낸다.

・彼女は30歳(さい)になる前に結婚(けっこん)し**ようとして**います。

・かんづめを開(あ)け**ようとして**、手をけがしてしまいました。

・電車(でんしゃ)に乗**ろうとした**時、ドアが閉まってしまいました。

・このネコは私が触(さわ)**ろうとする**と、すぐ逃(に)げる。

3 ~は~より ~은 ~보다

「AはBよりも~」,「BよりもAのほうが~」의 형태로 쓰여, B가 비교의 기준임을 나타낸다.

・日本は韓国より人口(じんこう)が多いです。

・バスはタクシーより料金(りょうきん)が安いです。

・今日は昨日より暖(あたた)かいので、コートはいりません。

・あのコンビニで売(う)っているカップラーメンはスーパーのカップラーメンより高いです。

단어 및 표현

- □ 会議(かいぎ) 회의
- □ かんづめ 통조림
- □ 逃(に)げる 도망치다
- □ 話(はな)し合(あ)う 서로 이야기하다
- □ けがする 다치다
- □ 人口(じんこう) 인구
- □ 結婚(けっこん)する 결혼하다
- □ 触(さわ)る 만지다
- □ 料金(りょうきん) 요금

연습 문제

1 文型

1 （　　　）の中の言葉を使って文を完成させなさい。

ことになり　　ようと　　より

① 2024年にお札(さつ)のデザインを新しくする (　　　　　) ました。

② 北里柴三郎(きたざとしばさぶろう)は病気(びょうき)を治(なお)す方法(ほうほう)を見(み)つけ (　　　　　) しました。

③ 二千円札(にせんえんさつ)はほかのお札 (　　　　　) 数(かず)が少ないため、あまり使(つか)われていません。

④ 津田梅子(つだうめこ)は6歳の時にアメリカに留学(りゅうがく)する (　　　　　) ました。

2 （　　　）の中の言葉と（　　）の言葉を使って、文を完成させなさい。

～ことになる　　～(よ)うとする　　～は～より

① 仕事(しごと)が終(お)わらないと、明日も会社(かいしゃ)に (行く ➡　　　　　) そうです。

② 洗濯機(せんたくき)を (使う ➡　　　　　) としましたが、使いかたがわかりませんでした。

③ (新幹線(しんかんせん)・電車(でんしゃ) ➡　　　　　) 速いですが、値段(ねだん)も高いです。

④ 家を (出る ➡　　　　　) としている時に、電話がかかってきました。

2 言葉の使い方

1 ☐ の中の言葉を一つ選んで、適当な形にして ＿＿＿ に書きなさい。

治す　残る　描く　助ける　働く

① 早く病院に行って、風邪を＿＿＿＿たほうがいいですよ。

② 私は動物のイラストを＿＿＿＿仕事をしています。

③ 私が行くので、あなたはここに＿＿＿＿いてください。

④ 言葉がわからない時、日本人の友だちが＿＿＿＿くれました。

2 次の言葉を使って ＿＿＿ の短文を作りなさい。

① 일본에서는 **약 20년에 한 번씩 새로운 지폐가 만들어지도록 되어 있습니다**. (約、お札)

→ 日本では、＿＿＿＿＿＿＿＿＿＿＿＿＿＿＿＿＿＿＿＿。

② 1890년경, **원인을 모르는 병이 유행해서 많은 사람이 죽었습니다**. (流行する、亡くなる)

→ 1890年ごろ、＿＿＿＿＿＿＿＿＿＿＿＿＿＿＿＿＿＿＿＿。

③ 쓰다 우메코는 **여성 교육을 바꾸려고 했습니다**. (教育、変える)

→ 津田梅子は＿＿＿＿＿＿＿＿＿＿＿＿＿＿＿＿＿＿＿＿。

④ **도쿄역 건물에 사용된 벽돌을 만든** 것도 시부사와 에이이치가 만든 회사입니다.
(建物、レンガ)

→ ＿＿＿＿＿＿＿＿＿＿＿＿＿＿のも、渋沢栄一が作った会社です。

회화

다음은 본문과 관련된 회화입니다. 들으면서 빈칸을 채우세요.

026 mp3

A　ねえ、見て。この (❶　　　　) に描かれている人がだれか知ってる？

B　(❷　　　　) はたしか、北里柴三郎だよね。

A　そうそう。昔、(❸　　　　) した (❹　　　　) を治す研究をしたんだよ。

B　五千円札は津田梅子でしょ？ アメリカに (❺　　　　) した女の人だよね。

A　アメリカから帰った後、女の人に (❻　　　　) をするために、学校を作ったんだって。その学校、今も東京に残っているよね。

B　それと、(❼　　　　) は渋沢栄一。
日本で初めて (❽　　　　) を作ったことは知ってるよ。

A　それに、会社もたくさん作ったんだよ。「近代日本経済の父」っていわれるぐらい、すごい人なんだって。

B　新しいお札は2024年から (❾　　　　) ようになったんだっけ。

A　うん。新しいお札は古いお札 (❿　　　　) デザインがきれいだよね。

B　今度、古いお札と新しいお札を並べて見てみよう！

14

出前（でまえ）

요리 배달

여러분은 배달 음식을 자주 시켜 먹나요?
배달이 되는 음식에는 어떤 것이 있나요?
일본의 배달 음식 문화에 대해서 읽어 봅시다.

~に / ~そうだ / ~ておく

본문

027 mp3

お店から家に料理を配達してもらうことを日本では「出前」といいます。「出前」という言葉の由来は二つあります。「前」は「一人前」のようにものの量を表す言葉です。それで、一人分を出す、二人分を出すという意味から「出前」になったというのが一つ目の由来です。また、「出ていって、あなたの前に配達する」ので「出前」になった、という話もあります。

あなたは1ヶ月に何回ぐらい出前を利用しますか。日本で出前というと、すし、ピザ、そば、中華料理などが人気です。最近は電話だけでなく、インターネットやスマートフォンのアプリでも出前を注文できるようになり、便利になりました。

では、あなたはどんな時に出前を利用しますか。きっと、「なにか食べたいけれど、外には出たくない時」でしょう。だから、出前の注文は雨の日に多いそうです。また、家族や友だちが集まることが多い週末やクリスマス、年末年始などにも出前の注文が増えるそうです。

出前と似たもので「仕出し」という言葉があります。どちらもできあがった料理を配達するということは同じです。仕出しは大人数のパーティーや宴会、お葬式などの時のお弁当や和食のことで、先に予約をしておくことが必要です。

料理をしないで家でごはんが食べたい人にとって、出前は手軽で便利なサービスです。みなさんも日本に行ったら一度、出前を注文してみてはどうですか。

독해 문제 다음 문장이 본문의 내용과 맞으면 ○, 다르면 ×표 하세요.

1 日本では、すしやピザなどの出前(でまえ)が人気(にんき)です。（　　）

2 出前の注文(ちゅうもん)が多いのは雨が降(ふ)っている日です。（　　）

3 クリスマスは人が集(あつ)まるので、出前の注文も多くなります。（　　）

4 「仕出(しだ)し」は先(さき)に予約(よやく)をしておかなければなりません。（　　）

5 出前をする時はインターネットでしか注文できません。（　　）

단어 및 표현

- □ 配達(はいたつ)する 배달하다
- □ 一人前(いちにんまえ) 일 인분
- □ そば 메밀국수
- □ ～だけでなく ~뿐만 아니라
- □ 便利(べんり)だ 편리하다
- □ 年末年始(ねんまつねんし) 연말연시
- □ 仕出(しだ)し 주문 요리 배달
- □ 大人数(おおにんずう) 많은 사람
- □ お弁当(べんとう) 도시락
- □ 予約(よやく) 예약
- □ 出前(でまえ) 요리 배달
- □ 量(りょう) 양
- □ 中華料理(ちゅうかりょうり) 중화요리
- □ アプリ (스마트폰) 앱
- □ 集(あつ)まる 모이다
- □ 増(ふ)える 늘다, 증가하다
- □ できあがる 완성되다
- □ 宴会(えんかい) 연회
- □ 和食(わしょく) 일식
- □ ～にとって ~에 있어서
- □ 由来(ゆらい) 유래
- □ 利用(りよう)する 이용하다
- □ 最近(さいきん) 최근
- □ 注文(ちゅうもん)する 주문하다
- □ 週末(しゅうまつ) 주말
- □ 似(に)る 닮다
- □ 同(おな)じだ 같다
- □ お葬式(そうしき) 장례식
- □ 先(さき)に 먼저
- □ サービス 서비스

문형 연습

1 ～に ~에

시간이나 날짜를 나타내는 말에 붙어, 그 기간에 행하는 것의 빈도를 나타낸다.

- 旅行中(りょこうちゅう)、1日に3回は電話してください。
- みんな忙(いそが)しいので、3か月に1回しか家族に会えません。
- 私は映画(えいが)を見るのが趣味(しゅみ)で、1ヶ月に10本ぐらい映画を見ます。
- 1週間に3回は、朝ジョギングをするのが目標(もくひょう)です。

2 ～そうだ ~라고 한다

보통형에 접속하여 자신이 직접 경험한 것이 아닌, 다른 사람에게 들은 것이나 어딘가에서 알게된 정보를 말할 때 사용한다.

- 彼女は来年結婚(けっこん)して中国に帰るそうです。
- 天気予報(てんきよほう)によると、明日は雪(ゆき)が降(ふ)るそうだ。
- 来月、あそこに新しいデパートができるそうだ。
- 友だちの話によると、あの映画はとてもおもしろいそうです。

3 ～ておく ~해 두다

「동사의 て형」에 접속하여 무언가를 하고 그 결과의 상태를 지속시킨다는 의미를 나타낸다. 구어체에서는 「～とく」가 된다.

・インターネットで予約(よやく)をしておくと、映画館(えいがかん)にすぐ入(はい)れます。

・食べる時まで、スイカを冷蔵庫(れいぞうこ)に入(い)れておいてください。

・友だちが来る前に部屋の掃除(そうじ)をしておきました。

・道がわかるように、地図(ちず)を書いとくね。

단어 및 표현

- ～しか ~밖에
- 目標(もくひょう) 목표
- 予約(よやく) 예약
- 冷蔵庫(れいぞうこ) 냉장고
- 趣味(しゅみ) 취미
- 天気予報(てんきよほう) 일기 예보
- 映画館(えいがかん) 영화관
- 掃除(そうじ) 청소
- ジョギング 조깅
- 雪(ゆき) 눈
- スイカ 수박
- 地図(ちず) 지도

연습 문제

1 文型

1 ［　　　］の中の言葉を使って文を完成させなさい。

に　　　そう　　　ておく

① あなたは1ヶ月(　　　　　)何回(なんかい)ぐらい出前(でまえ)を利用(りよう)しますか。

② 出前の注文(ちゅうもん)は雨の日に多い(　　　　　)です。

③ 仕出(しだ)しは先(さき)に予約(よやく)をし(　　　　　)ことが必要(ひつよう)です。

④ クリスマスや年末年始(ねんまつねんし)には出前の注文が増(ふ)える(　　　　　)です。

2 ［　　　］の中の言葉と（　　）の言葉を使って、文を完成させなさい。

～に　　　～そうだ　　　～ておく

① ニュースによると、昨日この近くで事故(じこ)が(ある ➞　　　　　)です。

② ダイエットのため、(1週間・3回 ➞　　　　　)はジムに行くことにしています。

③ テストに出るので、それまでにこの単語(たんご)をかならず(覚(おぼ)える ➞　　　　　)ください。

④ 明日までにレストランに電話をして、(予約(よやく)する ➞　　　　　)ます。

2 言葉の使い方

1 [ ] **の中の言葉を一つ選んで、適当な形にして ＿＿＿ に書きなさい。**

注文する	できあがる	増える	先に	配達する

① 甘(あま)いものを食べすぎて体重(たいじゅう)が＿＿＿＿＿しまいました。

② コンビニの商品(しょうひん)を自宅(じたく)に＿＿＿＿＿くれるサービスを知っていますか。

③ ホテルを予約(よやく)するより＿＿＿＿＿飛行機(ひこうき)のチケットを探(さが)してください。

④ 今描いている絵が＿＿＿＿＿たら、見せてください。

2 次の言葉を使って ＿＿＿ の短文を作りなさい。

① 주문 요리 배달은 **먼저 예약을 해 두는 것이 필요합니다**. (予約(よやく)、必要(ひつよう))

→ 仕出(しだ)しは ＿＿＿＿＿＿＿＿＿＿＿＿＿＿＿＿＿＿＿＿。

② **뭔가 먹고 싶지만 밖에는 나가고 싶지 않을 때에 요리 배달을 이용하는** 사람이 많습니다. (利用(りよう)する)

→ ＿＿＿＿＿＿＿＿＿＿＿＿＿＿＿＿＿＿＿＿ 人が多いです。

③ **가족이나 친구가 모이는 일이 많은 주말이나 크리스마스, 연말연시 등에도** 요리 배달 주문이 늘어납니다. (集(あつ)まる、クリスマス、年末年始(ねんまつねんし))

→ ＿＿＿＿＿＿＿＿＿＿＿＿＿＿＿＿＿＿＿＿ 出前(でまえ)の注文(ちゅうもん)が増(ふ)えます。

④ 요리를 하지 않고 집에서 밥을 먹고 싶은 사람에게 있어 **음식 배달은 간편하고 편리한 서비스입니다**. (手軽(てがる)、便利(べんり))

→ 料理(りょうり)をしないで家でごはんが食べたい人にとって、

＿＿＿＿＿＿＿＿＿＿＿＿＿＿＿＿＿＿＿＿。

회화

다음은 본문과 관련된 회화입니다. 들으면서 빈칸을 채우세요.

028 mp3

A　あぁ、おなかがすいたな。なにか (❶　　　　　) でも取(と)らない？

B　そうね。ちょうどお昼(ひる)だし、(❷　　　　　) でも (❸　　　　　) か。

A　えぇ～。もっと (❹　　　　　) が多くて高いものが食べたいなぁ。
フランス料理(りょうり)とか。

B　そんなの (❺　　　　　) までに時間がかかるし、お店が遠いから
(❻　　　　　) もらえないわよ。

A　じゃあ、すしにしようか。
ほら、近所(きんじょ)のスーパーですしの出前(でまえ)が始(はじ)まっただろう？

B　あぁ、便利(べんり)な (❼　　　　　) よね。
でも、あれは (❽　　　　　) が必要(ひつよう)なのよ。

A　そうか…。忘(わす)れてたよ。

B　じゃあ、予約(よやく)をしておくから、今度(こんど)の (❾　　　　　) は
みんなですしを食べようか。

A　うん。友だちが (❿　　　　　) ら、やっぱりすしだよね。
とりあえず今日のお昼(ひる)ごはんはそばでいいや。

B　なんだ、結局(けっきょく)そばにするんじゃない。

15

歩(ある)きスマホ

보행 중 스마트폰 사용

여러분은 스마트폰을 자주 사용하나요?
보행 중 스마트폰 사용은 왜 위험할까요?
보행 중 스마트폰 사용에 대해서 읽어 봅시다.

~つづける / ~(さ)せられる / ~(さ)せる

본문

029 mp3

みなさんは歩(ある)きながらスマートフォン(スマホ)を使ったことがありますか。スマートフォンはとても便利(べんり)なので、歩いている時もゲームをしたり、動画(どうが)を見たり、メールを読んだり、地図(ちず)を調(しら)べたりしたくなるかもしれません。しかし、「歩きスマホ」はとても危(あぶ)ない行動(こうどう)です。

歩く時にスマートフォンを見つづけると、前がよく見えません。そのため、人とぶつかったり、事故(じこ)にあったりすることがあります。日本では歩きスマホをしていた高校生が駅のホームから落(お)ちて、電車(でんしゃ)にはねられるという事故が起(お)こりました。スマートフォンを見ながら自転車(じてんしゃ)に乗っていた人が、歩いている人にぶつかって、その人を死なせてしまった事故もありました。

こうした事故をふせぐために、条例(じょうれい)を作った街(まち)もあります。たとえば、神奈川県(かながわけん)大和市(やまとし)では、2020年に歩きスマホを禁止(きんし)する条例を作りました。みんなに意識(いしき)させるように、駅や道路(どうろ)にも注意(ちゅうい)を書きました。それを見た人たちは、「歩きスマホをしてはいけないんだ」と気(き)づかせられたのでしょう。条例を作った後は歩きスマホをしている人が減(へ)ったそうです。

スマートフォンは正(ただ)しく使えばとても便利なものです。しかし、周(まわ)りの人のことを考(かんが)えて、使う場所や時間を考えることが大切(たいせつ)です。みなさんも安全(あんぜん)に注意して、「歩きスマホ」はやめましょう。

독해 문제 다음 문장이 본문의 내용과 맞으면 ○, 다르면 ×표 하세요.

1 歩(ある)いている時にスマホでゲームをしたり動画(どうが)を見たりしても、危(あぶ)なくありません。(　　)

2 「歩きスマホ」をすると、人とぶつかったり、事故(じこ)にあったりすることがあります。(　　)

3 日本では歩きスマホの事故はまだ一度(いちど)も起(お)こっていません。(　　)

4 神奈川県大和市(かながわけんやまとし)では歩きスマホをしてはいけないという条例(じょうれい)を作りました。(　　)

5 駅や道路(どうろ)の注意(ちゅうい)を見て、「歩きスマホをしてはいけない」と気づく人もいました。(　　)

단어 및 표현

- □ スマートフォン 스마트폰
- □ 地図(ちず) 지도
- □ 行動(こうどう) 행동
- □ 事故(じこ)にあう 사고를 당하다
- □ はねる 부딪고 지나가다
- □ こうした 이러한
- □ 条例(じょうれい) 조례
- □ 意識(いしき)する 의식하다
- □ 気(き)づく 깨닫다, 알아차리다
- □ 周(まわ)り 주위, 주변
- □ 便利(べんり)だ 편리하다
- □ 調(しら)べる 조사하다, 알아보다
- □ よく 잘
- □ ホーム 플랫폼, 승강장
- □ 事故(じこ) 사고
- □ ふせぐ 막다, 방지하다
- □ 街(まち) 거리, 번화가
- □ 道路(どうろ) 도로
- □ 減(へ)る 줄다
- □ 安全(あんぜん) 안전
- □ 動画(どうが) 동영상
- □ 危(あぶ)ない 위험하다
- □ ぶつかる 부딪다, 충돌하다
- □ 落(お)ちる 떨어지다
- □ 起(お)こる 일어나다, 발생하다
- □ ～ために ~위해서
- □ 禁止(きんし)する 금지하다
- □ 注意(ちゅうい) 주의
- □ 正(ただ)しい 바르다
- □ やめる 그만두다

문형 연습

1 ~つづける 계속해서 ~하다

「동사의 ます형」에 붙어 동작이나 사건이 계속되는 것을 나타낸다. 또는 같은 동작이나 사건이 몇 번이나 반복되거나, 차례차례 일어나는 상태가 계속되는 것을 나타낸다.

- 甘(あま)いものをたくさん食べ**つづける**と、太(ふと)ります。
- ずっとゲームをし**つづける**と、目が痛(いた)くなります。
- 雨の中、歩(ある)き**つづけた**ので、風邪(かぜ)をひきました。
- あの人は1時間もずっと話し**つづけて**いる。

2 ~(さ)せられる 어쩔 수 없이 ~하다, 마지못해 ~하다

어떤 것을 하도록 다른 사람에게 명령이나 지시를 당한다는 의미이다. 여기서 주어는 그 동작을 하는 사람이다.

- 学生は先生に漢字(かんじ)を10回(かい)ずつ書**かせられました**。
- 子どもはお母さんに野菜(やさい)を食べ**させられました**。
- 家に牛乳(ぎゅうにゅう)がなかったので、私は姉に買い物に行**かせられました**。
- 彼はじゃんけんに負(ま)けて荷物(にもつ)を持(も)**たせられました**。

3 ~(さ)せる ~시키다, ~하게 하다

어떤 사람의 명령이나 지시에 의해 다른 사람이 무언가를 하는 것을 나타낼 때 사용한다. 여기서 주어는 명령(지시)하는 사람이다.

- 車がよごれたので、父は弟に車を洗わ**せました**。
- コーチは選手(せんしゅ)に毎日トレーニングを**させています**。
- 先生は学生たちに課題(かだい)で日本の文化(ぶんか)について調(しら)べ**させました**。
- 先生が学生たちに教室(きょうしつ)の掃除(そうじ)を**させました**。

단어 및 표현

- □ 甘(あま)い 달다
- □ 歩(ある)く 걷다
- □ 牛乳(ぎゅうにゅう) 우유
- □ 荷物(にもつ) 짐
- □ 選手(せんしゅ) 선수
- □ 文化(ぶんか) 문화
- □ 太(ふと)る 살찌다
- □ 風邪(かぜ)をひく 감기에 걸리다
- □ じゃんけん 가위바위보
- □ よごれる 더러워지다
- □ トレーニング 트레이닝, 훈련
- □ 調(しら)べる 조사하다, 알아보다
- □ ずっと 쭉, 계속
- □ ずつ ~씩
- □ 負(ま)ける 지다, 패하다
- □ コーチ 코치
- □ 課題(かだい) 과제
- □ 教室(きょうしつ) 교실

연습 문제

1 文型

1 （　　　）の中の言葉を使って文を完成させなさい。

つづける	せられ	せる

① 歩く時にスマートフォンを見 (　　　　　) と、前がよく見えません。

② スマホを見ながら自転車に乗っていた人が、歩いている人にぶつかって、その人を死な (　　　　　) という事故もありました。

③ 注意を読んで、「歩きスマホをしてはいけない」と気づか (　　　　　) ました。

④ 歩きスマホは危ないとみんなに意識さ (　　　　　) ために、条例を作りました。

2 （　　　）の中の言葉と（　　）の言葉を使って、文を完成させなさい。

～つづける	～(さ)せられる	～(さ)せる

① 先週、子どもが風邪をひいたので、学校を (休む → 　　　　　) ました。

② お酒が嫌いなのに上司にお酒を (飲む → 　　　　　) て、気持ちが悪くなりました。

③ 昨日、友だちと3時間くらい電話で (話す → 　　　　　) ました。

④ 試験の結果が悪かったので、母に (勉強する → 　　　　　) ました。

2 言葉の使い方

1 ［　　　］の中の言葉を一つ選んで、適当な形にして ＿＿＿ に書きなさい。

ふせぐ	起こる	はねる	ぶつかる	気づく

① 部屋が暗(くら)かったので、黒(くろ)ネコがいることに＿＿＿＿＿ませんでした。

② 車に＿＿＿＿＿られて、大けがをしてしまいました。

③ 道がせまいので、人に＿＿＿＿＿ないように注意(ちゅうい)してください。

④ プロジェクトを進(すす)めていた時、トラブルが＿＿＿＿＿ました。

2 次の言葉を使って ＿＿＿ の短文を作りなさい。

① 걷고 있을 때도 **동영상을 보거나 메시지를 읽거나 지도를 찾아보고 싶어질** 지도 모릅니다. (動画(どうが)、地図(ちず)、調(しら)べる)

→ 歩(ある)いている時も＿＿＿＿＿＿＿＿＿＿＿＿＿＿＿＿＿＿＿＿かもしれません。

② 걸을 때 **스마트폰을 계속 보면 앞이 잘 보이지 않습니다.** (〜つづける)

→ 歩く時に＿＿＿＿＿＿＿＿＿＿＿＿＿＿＿＿＿＿＿＿＿＿＿＿＿＿＿。

③ 스마트폰을 보면서 자전거를 타고 있던 사람이 **걷고 있던 사람에게 부딪쳐 그 사람을 죽게 만들어 버린 사고가 일어났습니다.** (ぶつかる、死ぬ、事故(じこ)、起(お)きる)

→ スマートフォンを見ながら自転車(じてんしゃ)に乗っていた人が、
＿＿＿＿＿＿＿＿＿＿＿＿＿＿＿＿＿＿＿＿。

④ **모두에게 의식하게 하도록** 역이나 도로에도 주의를 썼습니다. (意識(いしき)する)

→ ＿＿＿＿＿＿＿＿＿＿＿＿＿＿＿＿＿＿＿＿、駅や道路(どうろ)にも注意(ちゅうい)を書きました。

회화

다음은 본문과 관련된 회화입니다. 들으면서 빈칸을 채우세요.

030 mp3

A　最近(さいきん)、みんな歩(ある)きながらスマートフォンを使ってるよね。本当に (❶　　　　　　) と思うよ。

B　うん。前を見ないで歩きつづけると、人に (❷　　　　　　) こともあるよね。

A　この前、駅の (❸　　　　　　) から落(お)ちた人がいたってニュースで見たよ。

B　怖(こわ)いね…それって、電車(でんしゃ)に (❹　　　　　　) かもしれないってことでしょ？

A　そうだよ。大きな (❺　　　　　　) につながる前に、なんとかしないと。

B　歩きスマホを (❻　　　　　　) ために、条例(じょうれい)を作った街(まち)もあるらしいよ。

A　え、たとえばどんなこと？スマホの使用(しよう)を (❼　　　　　　) するの？

B　ううん、「歩きスマホはやめましょう」って (❽　　　　　　) を出して、みんなに (❾　　　　　　) させてるみたい。

A　なるほど。歩きスマホをする人が (❿　　　　　　) といいね。

16

しょう　ひ　ぜい

消費税

소비세

한국의 소비세는 몇 퍼센트인가요?
일본의 소비세는 몇 퍼센트인지 알고 있나요?
일본의 소비세에 대해서 읽어 봅시다.

~たがる / ~さ / ~のだ

본문

031 mp3

消費税とは、商品を買ったり、サービスを受けたりした時に、ものの値段とは別に支払う税金のことです。払いたがらない人もいますが、日本は高齢化が進んでいるので、社会保障制度のために必要な税金だといわれています。

日本では、1989年から消費税が始まりました。その時の消費税は3パーセントでした。1997年には5パーセントに上がりました。その後、すべての商品は消費税を入れた価格で表示することになりました。2014年には8パーセントになり、そして、2019年には10パーセントに上がりました。かなりの速さで消費税が上がっていることがわかるでしょう。

日本の消費税は外国より低いと言う人もいます。たとえば、2025年時点で、イギリスの消費税は20パーセント、アイルランドは23パーセントです。しかし、これらの国では食品など生活に必要なものには消費税がかかりません。一方、日本ではすべての商品に消費税がかかるので、特に貧しい人々への負担が大きくなります。

また、スウェーデンでは税率は高い代わりに教育や医療などの社会福祉が充実しています。学校は小学校から大学院まで無料です。しかし、日本では子ども1人を大学まで行かせるためには、公立の学校でも1千万円以上かかるといわれています。

だから、消費税を上げるのに反対している人もたくさんいるのです。消費税を上げるためには、国がそれをどう使うかを国民に説明しなければならないのではないでしょうか。

독해 문제 다음 문장이 본문의 내용과 맞으면 ○, 다르면 ×표 하세요.

1 日本で消費税が始まったのは1997年です。（　　）

2 2014年に日本の消費税は10パーセントに上がりました。（　　）

3 今の日本では、消費税を入れた商品の価格を表示しています。（　　）

4 2025年時点で、イギリスの消費税は日本の消費税より高いです。（　　）

5 日本の学校は小学校から大学院まで無料です。（　　）

단어 및 표현

- □ 消費税(しょうひぜい) 소비세
- □ 値段(ねだん) 가격
- □ 高齢化(こうれいか) 고령화
- □ ～のために ~을 위해서
- □ 表示する(ひょうじ) 표시하다
- □ 時点(じてん) 시점
- □ 食品(しょくひん) 식품
- □ 特に(とく) 특히
- □ スウェーデン 스웨덴
- □ 教育(きょういく) 교육
- □ 充実する(じゅうじつ) 충실하다
- □ 反対する(はんたい) 반대하다
- □ 商品(しょうひん) 상품
- □ 支払う(しはら) 지불하다
- □ 進む(すす) 나아가다, 진행되다
- □ 始まる(はじ) 시작되다
- □ かなり 꽤, 제법
- □ イギリス 영국
- □ 生活(せいかつ) 생활
- □ 貧しい(まず) 가난하다
- □ 税率(ぜいりつ) 세율
- □ 医療(いりょう) 의료
- □ 無料(むりょう) 무료
- □ 国民(こくみん) 국민
- □ サービス 서비스
- □ 税金(ぜいきん) 세금
- □ 社会保障制度(しゃかいほしょうせいど) 사회 보장 제도
- □ 価格(かかく) 가격
- □ 外国(がいこく) 외국
- □ アイルランド 아일랜드
- □ 一方(いっぽう) 한편
- □ 負担(ふたん) 부담
- □ 代わりに(か) 그 대신
- □ 社会福祉(しゃかいふくし) 사회 복지
- □ 公立(こうりつ) 공립
- □ 説明する(せつめい) 설명하다

문형 연습

1 ~たがる ~하고 싶어 하다

제3자의 희망이나 요구를 나타낸다. 말하는 사람의 희망이나 요구를 나타내는 경우는 「～たい」를 사용한다.

- 姉はこの映画(えいが)を見たがっています。
- 娘(むすめ)は魚が嫌(きら)いで、ぜんぜん食べたがりません。
- そんな大変(たいへん)な仕事(しごと)は、だれもしたがらないでしょう。
- みんなが彼女と友だちになりたがる。

2 ~さ

「い형용사·な형용사의 어간」에 붙어 명사를 만든다.

- あのビルの高さは634メートルです。
- 飛行機(ひこうき)に乗る前に、荷物(にもつ)の重(おも)さを測(はか)ります。
- 日本に行って、留学(りゅうがく)の大変さがわかりました。
- この家の広さはどのくらいですか。

3 ～のだ ~한 것이다, ~인 것이다

사정을 듣거나 말하거나 할 때 사용한다. 또한, 의뢰나 권유, 허가나 정보를 요구할 때 서론으로 사용한다. 구어체에서는 「～んです」를 사용하는 경우가 있다.

・彼がどこに行ったか、だれもわからない**のです**。

・昨日からおなかが痛(いた)くて、何も食べられない**のです**。

・土曜日(どようび)は高田(たかだ)さんの結婚式(けっこんしき)がある**んです**。

・事故(じこ)で電車(でんしゃ)が止(と)まってしまって遅(おく)れた**んです**。

단어 및 표현

- □ 娘(むすめ) 딸
- □ 留学(りゅうがく) 유학
- □ 事故(じこ) 사고
- □ 遅(おく)れる 늦다
- □ 荷物(にもつ) 짐
- □ おなか 배
- □ 電車(でんしゃ) 전철
- □ 測(はか)る 재다
- □ 結婚式(けっこんしき) 결혼식
- □ 止(と)まる 멈추다, 서다

연습 문제

1 文型

1 ＿＿＿ の中の言葉を使って文を完成させなさい。

たがる	さ	のです

① 社会保障(しゃかいほしょう)のために、消費税(しょうひぜい)を上げ (　　　　　) 人もいます。

② 日本の消費税はかなりの速 (　　　　　) で上がっています。

③ 消費税を上げるのに反対(はんたい)している人もいる (　　　　　)。

④ 消費税の高 (　　　　　) は、国によってちがいます。

2 ＿＿＿ の中の言葉と (　　) の言葉を使って、文を完成させなさい。

～たがる	～さ	～のだ

① 毎日、おばさんがこのネコに食べ物を (あげている → 　　　　　) と聞きましたが、本当ですか。

② 弟もバイクに (乗る → 　　　　　) いますが、危(あぶ)ないので、父が許(ゆる)しません。

③ 父が加藤(かとう)さんに (会う → 　　　　　) います。

④ 今年の夏の (暑(あつ)い → 　　　　　) は、普通(ふつう)じゃありません。

2 言葉の使い方

1 ＿＿＿ の中の言葉を一つ選んで、適当な形にして ＿＿＿ に書きなさい。

かかる　上げる　払う　代わりに　充実する

① 予約(よやく)をキャンセルしたら、手数料(てすうりょう)を＿＿＿＿なくてはなりません。

② 留学生活(りゅうがくせいかつ)は楽しいことが多くて、とても＿＿＿＿ています。

③ 部長(ぶちょう)が行けなくなってしまったので、＿＿＿＿課長(かちょう)が行きます。

④ ずっと下を見てばかりいないで、顔を＿＿＿＿てください。

2 次の言葉を使って ＿＿＿ の短文を作りなさい。

① **소비세를 내고 싶어 하지 않는 사람도 있습니다**만, 필요한 세금이라고 합니다. (消費税(しょうひぜい)、払う)

→ ＿＿＿＿＿＿＿＿＿＿＿＿＿＿＿＿が、必要(ひつよう)な税金(ぜいきん)だといわれています。

② 모든 상품은 **소비세를 포함한 가격으로 표시하게 되었습니다**. (価格(かかく)、表示(ひょうじ)する)

→ すべての商品(しょうひん)は ＿＿＿＿＿＿＿＿＿＿＿＿＿＿＿＿。

③ 스웨덴의 학교는 **초등학교부터 대학원까지 무료입니다**. (大学院(だいがくいん)、無料(むりょう))

→ スウェーデンの学校は、＿＿＿＿＿＿＿＿＿＿＿＿＿＿＿＿。

④ **세율은 높지만 교육이나 의료 등의** 사회 복지가 잘 되어 있습니다. (税率(ぜいりつ)、教育(きょういく)、医療(いりょう))

→ ＿＿＿＿＿＿＿＿＿＿＿＿＿＿＿＿社会福祉(しゃかいふくし)が充実(じゅうじつ)しています。

회화

다음은 본문과 관련된 회화입니다. 들으면서 빈칸을 채우세요.

032 mp3

A　1万円以下(いか)のくつがほしいんだけど･･･これは11,000円か。
おしいなぁ。

B　(❶　　　　　　) がなければ、1万円なのにね。

A　そう。消費税(しょうひぜい)って、何を買っても (❷　　　　　　) といけないから、
学生の僕にとってはすごく (❸　　　　　　) だよ。

B　だけど、消費税があるのは日本だけじゃないわよ。日本は10パーセント
だけど、(❹　　　　　　) なんて、20パーセントなんだから。

A　でも、消費税が高い (❺　　　　　　) 学校や病院(びょういん)が
(❻　　　　　　) の国もあるだろう？

B　あぁ、(❼　　　　　　) はそうよ。

A　そのぐらい社会福祉(しゃかいふくし)が (❽　　　　　　) 国なら、消費税が高くても
いいと思う。

B　うーん。たしかに日本では学校や病院に行くのにお金がすごく
(❾　　　　　　) よね。

A　日本の消費税がこれからまた (❿　　　　　　) かもしれないって
ニュースで見たけど･･･。

B　そのお金が、きちんと国民(こくみん)のために使われるといいわね。

17

サルカニ合戦(がっせん)

원숭이 게 전투

여러분은 어릴 때 어떤 옛날이야기를 읽었나요?
다른 사람에게 나쁜 짓을 하면 어떤 일이 일어날까요?
일본의 옛날이야기를 읽어 봅시다.

~ことにする / やる / 동사의 명령형

본문

033 mp3

昔(むかし)、あるところに柿(かき)の種(たね)を持っているサルとおにぎりを持っているカニがいました。サルはおにぎりが食べたかったので「柿の種とおにぎりを交換(こうかん)しよう。おにぎりは食べるとなくなるけど、柿の種は、ずっと実(み)がなるよ。」と言いました。カニはおにぎりと柿の種を交換することにしました。

カニは柿の種をうめて水をやりました。「早く育(そだ)て。育たないとはさみで切(き)るぞ。」と言うと、柿の木が大きくなって、実がなりました。しかし、柿の木は高いので、カニは実がとれません。そこに、サルが来て言いました。「カニ君、私にも柿を少しくれないか。」カニは「いいよ。でも、僕にもとってね。」と言いました。サルは、木に登(のぼ)っておいしい実をぜんぶ食べ、おいしくない実をカニに投(な)げました。それが当(あ)たって、カニは死んでしまいました。

カニの子どもたちはとても悲(かな)しんで、サルをこらしめることにしました。ある日、カニの子どもたちは友だちの栗(くり)、ハチ、牛(うし)のフン、臼(うす)と一緒(いっしょ)にサルの家に行って、家の中にかくれました。夜になって、サルが家に帰ってきました。寒かったので、サルが火の近くに行くと、栗がサルの目に飛(と)びこみました。サルは「熱(あつ)い!」と言って、急(いそ)いで水の中に手を入れました。すると、ハチに手を刺(さ)されました。びっくりして玄関(げんかん)から出ようとしたら、ウシのフンにすべって転(ころ)びました。そして、屋根(やね)から臼が落(お)ちてきて、サルはけがをしました。

この後、サルは自分がしたことを反省(はんせい)して、みんなと仲(なか)よく暮(く)らしました。

독해 문제 다음 문장이 본문의 내용과 맞으면 ○, 다르면 ×표 하세요.

1 サルはカニのおにぎりをとってしまいました。（　　）

2 カニは柿(かき)の種(たね)をもらいましたが、実(み)ができませんでした。（　　）

3 サルだけが、柿の実を食べました。（　　）

4 栗(くり)、ハチ、牛(うし)のフン、臼(うす)はサルにけがをさせました。（　　）

5 サルはカニに悪(わる)いことをしたことに気づきました。（　　）

단어 및 표현

- □ ある 어느, 어떤
- □ サル 원숭이
- □ 交換(こうかん)する 교환하다
- □ うめる 묻다
- □ 切(き)る 자르다
- □ 投(な)げる 던지다
- □ こらしめる 벌주다, 혼내 주다
- □ 牛(うし) 소
- □ かくれる 숨다
- □ 急(いそ)ぐ 서두르다
- □ 玄関(げんかん) 현관
- □ 屋根(やね) 지붕
- □ 仲(なか)よく 사이좋게
- □ 柿(かき) 감
- □ おにぎり 주먹밥
- □ 実(み) 열매
- □ 育(そだ)つ 자라다
- □ とる 따다, 빼앗다
- □ 当(あ)たる 맞다, 명중하다
- □ 栗(くり) 밤
- □ フン 분, 똥
- □ 飛(と)びこむ 뛰어들다
- □ 刺(さ)す 찌르다
- □ すべる 미끄러지다
- □ 落(お)ちる 떨어지다
- □ 暮(く)らす 살다, 지내다
- □ 種(たね) 씨, 씨앗
- □ カニ 게
- □ なる 열리다, 맺히다
- □ はさみ 가위, 집게발
- □ 登(のぼ)る 오르다
- □ 悲(かな)しむ 슬퍼하다
- □ ハチ 벌
- □ 臼(うす) 절구
- □ 熱(あつ)い 뜨겁다
- □ びっくりする 깜짝 놀라다
- □ 転(ころ)ぶ 넘어지다
- □ 反省(はんせい)する 반성하다

문형 연습

1 ~ことにする ~하기로 하다

말하는 사람이 결정한 것을 이야기할 때 사용한다.

- 来年、日本に留学(りゅうがく)することにしました。
- 土曜日(どようび)に友だちと海に行くことにしました。
- 今日からお酒を飲まないことにしました。
- 新しい車を買うことにしました。

2 やる 주다

동물이나 식물에게 무엇을 줄 때 사용한다. 자신보다 어린 상대에게 무언가를 줄 때에도 사용할 수 있지만, 사람에게는 「あげる」를 사용하는 경우가 많다.

- ネコにえさをやります。
- 毎日、花に水をやります。
- 妹に漫画(まんが)の本をやりました。
- お父さんが子どもにおこづかいをやりました。

3 동사의 명령형

상대에게 무언가를 하도록 명령하거나 강하게 요구할 때 사용한다.

- 道路(どうろ)に「**止まれ**」と書いてあります。
- 遅刻(ちこく)しないように、早く学校に**行け**。
- 弟のサッカーの試合(しあい)を見に行って、「**がんばれ**」と応援(おうえん)しました。
- 時間がないからもっと**急(いそ)げ**。

단어 및 표현

- □ 留学(りゅうがく)する 유학하다
- □ 道路(どうろ) 도로
- □ 応援(おうえん)する 응원하다
- □ えさ 모이, 사료
- □ 遅刻(ちこく)する 지각하다
- □ 急(いそ)ぐ 서두르다
- □ おこづかい 용돈
- □ 試合(しあい) 시합

연습 문제

1 文型

1 [　　　] の中の言葉を使って文を完成させなさい。

ことに	やる	「育つ」의 명령형

① カニはおにぎりと柿の種を交換する（　　　　）しました。

② カニが柿の種をうめて水を（　　　　）と、柿の木に実がなりました。

③「早く（　　　　）。育たないとはさみで切るぞ。」とカニが言いました。

④ カニの子どもたちは友だちと一緒にサルの家に行く（　　　　）しました。

2 [　　　] の中の言葉と（　　）の言葉を使って、文を完成させなさい。

～ことにする	やる	동사의 명령형

① 先輩に「駅に着いたら（電話する ➜　　　　　）」といわれました。

② 今日から（ダイエットする ➜　　　　　）ました。

③ 起きてすぐに、ハムスターにえさと水を（やる ➜　　　　　）ばなりません。

④ 課長はまだ来ませんが、時間がないので、会議を（始める ➜　　　　　）ました。

2 言葉の使い方

1 〔　　　〕の中の言葉を一つ選んで、適当な形にして ＿＿＿ に書きなさい。

かくれる　　とる　　すべる　　落ちる　　暮らす

① パソコンがテーブルから＿＿＿＿＿て、壊(こわ)れてしまいました。

② 私はソウルで家族と一緒(いっしょ)に＿＿＿＿＿ています。

③ 雪が降(ふ)ったので、＿＿＿＿＿ないように、注意(ちゅうい)してください。

④ 友だちをおどろかせるために、ドアの後ろに＿＿＿＿＿ました。

2 次の言葉を使って ＿＿＿ の短文を作りなさい。

① 주먹밥은 **먹으면 없어지지만 감 씨앗은 계속 열매가 열립니다.** (柿(かき)の種(たね)、ずっと、実(み)、なる)

→ おにぎりは ＿＿＿＿＿＿＿＿＿＿＿＿＿＿＿＿＿＿＿＿＿＿＿＿。

② 감나무는 **높기 때문에 게는 열매를 딸 수 없습니다.** (カニ、とる)

→ 柿の木は ＿＿＿＿＿＿＿＿＿＿＿＿＿＿＿＿＿＿＿＿＿＿＿＿。

③ 원숭이는 **나무에 올라서 맛있는 열매를 전부 먹었습니다.** (登(のぼ)る)

→ サルは＿＿＿＿＿＿＿＿＿＿＿＿＿＿＿＿＿＿＿＿＿＿＿＿。

④ **깜짝 놀라서 현관으로 나가려고 하자** 미끄러져서 넘어졌습니다. (びっくりする、玄関(げんかん))

→ ＿＿＿＿＿＿＿＿＿＿＿＿＿＿＿＿＿＿、すべって転(ころ)びました。

회화

다음은 본문과 관련된 회화입니다. 들으면서 빈칸을 채우세요.

034 mp3

A　ねえ、サルカニ合戦(がっせん)の話、知ってる？
日本の昔話(むかしばなし)なんだけど。

B　サルカニ合戦？ 知らないな。どんな話？

A　サルがカニの持っている (❶　　　　　　) がほしくて、
(❷　　　　　　) と (❸　　　　　　) もらうの。

B　へぇ。それで？

A　カニが柿(かき)を (❹　　　　　　) て、実(み)が (❺　　　　　　) ら、
サルがおいしい実をぜんぶ食べちゃうの。

B　えー、悪いサルだね。

A　そう。さらに、サルがカニに柿を (❻　　　　　　)、カニが
(❼　　　　　　) のよ。

B　カニはかわいそうだね。それで終わり？

A　ううん、それだけじゃ、カニがかわいそうでしょ？
その後、カニの子どもたちが友だちと一緒(いっしょ)にサルを(❽　　　　　　) に
行くの。サルは (❾　　　　　　) をしちゃうんだけどね、
最後(さいご)には、自分が悪(わる)かったことを (❿　　　　　　) のよ。

B　へえ、じゃあ、最後はいいサルになるんだね。

18

ハッピーマンデー

해피먼데이

해피먼데이라는 말을 들어 본 적이 있나요?
해피먼데이의 좋은 점은 무엇일까요?
일본의 해피먼데이에 대해서 읽어 봅시다.

~としたら / ~のに / ~でしょう・~だろう

본문

035 mp3

韓国にはどんな祝日がありますか。日本には、正月(1月1日)、子どもの日(5月5日)、山の日(8月11日)、文化の日(11月3日)などの祝日があります。祝日は休みなのでうれしいですが、それが連休だとしたら、もっとうれしいと思いませんか。

日本では2000年から「ハッピーマンデー」という制度を始めました。ハッピーマンデーは祝日を月曜日にして、連休を増やす制度です。たとえば、以前、成人の日は1月15日でしたが、ハッピーマンデー制度で1月の第2月曜日に変わりました。このため、毎年、成人の日は前の土曜日、日曜日と続けて3日間の連休になります。成人の日のほかにも、海の日やスポーツの日、敬老の日がハッピーマンデー制度で月曜日になりました。連休が増えたのでゆっくり休むことができますし、家族で旅行することもできるようになりました。

日本には「振り替え休日」という制度もあります。もし、祝日が日曜日と重なったら、その日の後の一番近い平日も休みになるという制度です。たとえば、子どもの日が日曜日だったら、次の月曜日も休みになります。振り替え休日がない外国の人などは、おどろくでしょう。

このように、日本では祝日を大事にしています。韓国でもハッピーマンデーなどの制度を作ったほうがいいと思いますか。

독해 문제 다음 문장이 본문의 내용과 맞으면 ○, 다르면 ×표 하세요.

1 日本の1月1日は祝日(しゅくじつ)です。（　　）

2 ハッピーマンデーは祝日を増(ふ)やす制度(せいど)です。（　　）

3 ハッピーマンデー制度で、成人(せいじん)の日は1月15日になりました。（　　）

4 ハッピーマンデー制度で、毎年、敬老(けいろう)の日は連休(れんきゅう)になります。（　　）

5 「振(ふ)り替(か)え休日(きゅうじつ)」は、祝日が土曜日(どようび)と重(かさ)なった時に日曜日(にちようび)が休みになる制度です。（　　）

단어 및 표현

- □ 祝日(しゅくじつ) 경축일, 축일, 공휴일
- □ 正月(しょうがつ) 정월, 설날
- □ 子(こ)どもの日(ひ) 어린이날
- □ 山(やま)の日(ひ) 산의 날
- □ 文化(ぶんか)の日(ひ) 문화의 날
- □ 連休(れんきゅう) 연휴, 이틀 이상의 휴일
- □ ハッピーマンデー 해피먼데이
- □ 制度(せいど) 제도
- □ 始(はじ)める 시작하다
- □ 増(ふ)やす 늘리다
- □ たとえば 예를 들면
- □ 以前(いぜん) 이전
- □ 成人(せいじん)の日(ひ) 성인의 날
- □ ほか 그 밖
- □ 海(うみ)の日(ひ) 바다의 날
- □ スポーツの日(ひ) 스포츠의 날
- □ 敬老(けいろう)の日(ひ) 경로의 날
- □ 増(ふ)える 늘다
- □ ゆっくり 느긋하게
- □ 振(ふ)り替(か)え休日(きゅうじつ) 일요일과 공휴일 등 휴일끼리 겹칠 경우 다른 날이 휴일이 되는 것
- □ 重(かさ)なる 겹치다, 거듭되다
- □ 平日(へいじつ) 평일
- □ おどろく 놀라다
- □ 大事(だいじ)に 소중히

문형 연습

1 ~としたら ~라고 (가정)하면

'만약 ~의 상황을 가정하면'이라고 말할 때 사용한다.

- 明日、家に来るとしたら電話してください。
- 予約(よやく)が必要(ひつよう)だとしたら、早(はや)めに教えてください。
- パクさんが知らないとしたら、だれに聞けばいいでしょうか。
- もしそのうわさが本当だとしたら大変(たいへん)なことになる。

2 ~のに ~인데도

당연히 예측되는 상태나 결과와는 어긋나는 것을 나타낼 때 사용한다.

- 約束(やくそく)したのに、彼女は来ませんでした。
- 彼はまだ若(わか)いのに、結婚(けっこん)しています。
- この店(みせ)は、高いのにあまりおいしくありません。
- 薬を飲んだのに風邪(かぜ)が治(なお)らない。

3 ～でしょう・～だろう ~이겠지요 / ~일 것이다

말하는 사람의 추측을 나타낼 때 사용한다.「～でしょう」는「～だろう」보다 공손한 말이다.

・明日は雨が降る(ふ)でしょう。

・こんなに高い服は、だれも買わないでしょう。

・この仕事を一日でやるのは無理(むり)でしょう。

・妹の病気(びょうき)は、きっと治る(なお)だろう。

단어 및 표현

- □ 予約(よやく) 예약
- □ 若い(わか) 젊다
- □ 無理(むり) 무리
- □ もし 만약
- □ 治る(なお) 낫다
- □ 病気(びょうき) 병, 질병
- □ うわさ 소문
- □ 降る(ふ) (비·눈 등이) 내리다
- □ きっと 꼭

연습 문제

1 文型

1 ［　　　］の中の言葉を使って文を完成させなさい。

としたら　　　のに　　　でしょう

① 外国(がいこく)の人は、振(ふ)り替(か)え休日(きゅうじつ)におどろく (　　　　　)。

② せっかくの祝日(しゅくじつ)な (　　　　　)、休みが増(ふ)えません。

③ 祝日はうれしいですが、それが連休(れんきゅう)だ (　　　　　)、もっとうれしいです。

④ 連休になると、旅行(りょこう)に行く人がきっと増える (　　　　　)。

2 ［　　　］の中の言葉と（　　）の言葉を使って、文を完成させなさい。

～としたら　　　～のに　　　～でしょう

① もし1千万円が (ある ➜　　　　　)、何をしますか。

② たくさん練習(れんしゅう)したので、私たちのチームは、明日の試合(しあい)に
(勝(か)つ ➜　　　　　)。

③ 母は熱(ねつ)が (ある ➜　　　　　) 会社に行きました。

④ 彼女がまだ (怒(おこ)っている ➜　　　　　)、電話にも出ないかもしれない。

2 言葉の使い方

1 ＿＿＿ の中の言葉を一つ選んで、適当な形にして ＿＿＿ に書きなさい。

おどろく	増やす	重なる	大事	増える

① 会議(かいぎ)の時間と約束(やくそく)の時間が＿＿＿＿＿てしまいました。

② 姉はこのかばんをとても＿＿＿＿＿にしています。

③ 馬は大きな音に＿＿＿＿＿て、逃(に)げ出(だ)しました。

④ 友だちを＿＿＿＿＿ために、サークルに入(はい)りました。

2 次の言葉を使って ＿＿＿ の短文を作りなさい。

① 해피먼데이는 **경축일을 월요일로 하여 연휴를 늘리는 제도입니다.**
(祝日(しゅくじつ)、連休(れんきゅう)、増(ふ)やす、制度(せいど))

→ ハッピーマンデーは、＿＿＿＿＿＿＿＿＿＿＿＿＿＿＿＿＿＿＿＿。

② 매년 **성인의 날은 3일간의 연휴가 됩니다.** (成人(せいじん)の日、連休(れんきゅう))

→ 毎年(まいとし)、＿＿＿＿＿＿＿＿＿＿＿＿＿＿＿＿＿＿＿＿。

③ 연휴가 **늘었기 때문에 느긋하게 쉴 수 있습니다.** (増(ふ)える、ゆっくり)

→ 連休が ＿＿＿＿＿＿＿＿＿＿＿＿＿＿＿＿＿＿＿＿。

④ **어린이날이 일요일이었다면 다음 월요일도 휴일**이 됩니다. (子どもの日)

→ ＿＿＿＿＿＿＿＿＿＿＿＿＿＿＿＿＿＿＿＿になります。

회화

다음은 본문과 관련된 회화입니다. 들으면서 빈칸을 채우세요.

036 mp3

A　来週の月曜日(げつようび)は (❶　　　　　) で、休みだね。
どこかに行かない？

B　え？ 来週、(❷　　　　　) があるの？

A　うん、月曜日が休みだから (❸　　　　　) だよ。

B　やったー、(❹　　　　　)。じゃあ、旅行(りょこう)に行くのはどう？

A　そうだね。二人の休みが (❺　　　　　) のに、家にいるのは
つまんないし。

B　どこに行こうか。(❻　　　　　) 休(やす)めるところがいいなぁ。

A　じゃ、温泉(おんせん)はどう？ (❼　　　　　) 箱根(はこね)とか、伊豆(いず)とか。

B　うん、温泉行きたい！
(❽　　　　　) っていい (❾　　　　　) ね。

A　ははは、そうだね。
仕事(しごと)をがんばるためにも、休みは (❿　　　　　) だからね。

B　じゃあ、今週末の旅行のために、仕事がんばろう！

19

新幹線

しんかんせん

신칸센

일본의 신칸센을 타 본 적이 있나요?
일반 전철과 신칸센의 차이는 무엇이라고 생각하나요?
신칸센에 대해 읽어 봅시다.

～ないわけにはいかない / ～というより / ～はずだ

본문

037 mp3

新幹線は日本の高速鉄道です。「高速」なので、普通の電車より速いです。たとえば、東京から大阪まで、普通の電車だと9時間ぐらいかかりますが、新幹線なら約2時間30分で着きます。旅行や仕事で急いでいる時は、新幹線に乗らないわけにはいかないでしょう。

新幹線は1964年に始まりました。それから60年以上、新幹線の事故が原因で人が亡くなったことは、ほとんどありません。だから、「新幹線は車や飛行機より安全なはずだ」と考えて、新幹線を選ぶ人もいます。

また、新幹線は時間に正確で、遅れることがほとんどありません。2016年度の調査では、1本の新幹線が遅れた時間の平均は24秒だったそうです。だから、「新幹線で行けば、時間に遅れないはずだ」と考えて、新幹線を選ぶ人もいます。

新幹線の席の種類には、自由席と指定席があります。自由席は予約がいりません。切符を買えばどこに座ってもいいです。指定席は自由席より高いですが、混んでいても決まった席に座ることができるので、安心です。

新幹線の座席にはテーブルもあるので、マナーを守れば、お弁当を食べることもできます。座席を倒してゆっくり寝る人もいます。また、窓から見える風景を楽しみに新幹線に乗る人も多いようです。きれいな車内や、ていねいなサービスも人気の理由です。新幹線はただの乗り物というより、旅行の一つの楽しみになっているのでしょう。

독해 문제 다음 문장이 본문의 내용과 맞으면 ○, 다르면 ×표 하세요.

1 新幹線(しんかんせん)は普通(ふつう)の電車(でんしゃ)より速(はや)いです。（　　）

2 新幹線で東京(とうきょう)から大阪(おおさか)まで9時間かかります。（　　）

3 初(はじ)めて新幹線が走(はし)ったのは1964年です。（　　）

4 新幹線の自由席(じゆうせき)は、かならず予約(よやく)が必要(ひつよう)です。（　　）

5 新幹線ではマナーを守(まも)ればお弁当(べんとう)を食べてもかまいません。（　　）

단어 및 표현

- □ 新幹線(しんかんせん) 신칸센(일본의 고속 철도)
- □ 電車(でんしゃ) 전철
- □ 仕事(しごと) 일
- □ 以上(いじょう) 이상
- □ 亡(な)くなる 죽다
- □ 選(えら)ぶ 고르다, 선택하다
- □ 調査(ちょうさ) 조사
- □ 席(せき) 자리
- □ 指定席(していせき) 지정석
- □ 決(き)まる 정해지다
- □ マナー 매너, 예의
- □ 風景(ふうけい) 풍경
- □ サービス 서비스
- □ 高速鉄道(こうそくてつどう) 고속 철도
- □ 速(はや)い 빠르다
- □ 急(いそ)ぐ 서두르다
- □ 事故(じこ) 사고
- □ ほとんど 거의
- □ 正確(せいかく)だ 정확하다
- □ 平均(へいきん) 평균
- □ 種類(しゅるい) 종류
- □ 予約(よやく) 예약
- □ 安心(あんしん)だ 안심이다
- □ 守(まも)る 지키다
- □ 車内(しゃない) 차내
- □ ただ 단, 단지
- □ 普通(ふつう) 보통
- □ 旅行(りょこう) 여행
- □ 始(はじ)まる 시작되다
- □ 原因(げんいん) 원인
- □ 安全(あんぜん)だ 안전하다
- □ 遅(おく)れる 늦다
- □ ～秒(びょう) ~초
- □ 自由席(じゆうせき) 자유석
- □ 混(こ)む 붐비다
- □ 座席(ざせき) 좌석
- □ 倒(たお)す 넘어뜨리다, 젖히다
- □ ていねいだ 친절하다, 정중하다
- □ 楽(たの)しみ 즐거움

문형 연습

1 ~ないわけにはいかない ~하지 않을 수 없다

무언가 사정이나 이유가 있어서 '~하지 않으면 안 된다'라는 의미를 나타낸다.

- 先生が行くのなら、私も行か**ないわけにはいきません**。
- あなたに頼(たの)まれたら、し**ないわけにはいかない**でしょう。
- あのドラマには私が好きな俳優(はいゆう)が出ているので、見**ないわけにはいきません**。
- 明日試験(しけん)があるので、勉強(べんきょう)し**ないわけにはいかない**。

2 ~というより ~라기 보다

어떤 것에 대해 이야기 할 때 '~라기 보다 ~라는 쪽이 맞다, ~라는 쪽이 보다 적절하다' 라고 말하고 싶을 때 사용한다.

- この子は元気がある**というより**、うるさいです。
- ここは公園(こうえん)**というより**、ゴミ捨(す)て場(ば)のようになっています。
- 私は料理(りょうり)が好きなので、レストランで働(はたら)くのは、仕事(しごと)**というより**趣味(しゅみ)だ。
- この映画(えいが)はおもしろい**というより**怖(こわ)い。

3 ~はずだ ~일 터이다, ~일 것이다

객관적인 이유에서 당연히 그럴 것이라는 말하는 사람의 추측을 말할 때 사용한다.

- このマンションは駅から近いので、値段(ねだん)が高いはずです。
- みほちゃんは5歳(さい)からピアノを習(なら)っているので、上手(じょうず)なはずです。
- 兄はいっしょうけんめい勉強(べんきょう)したから、試験(しけん)に合格(ごうかく)するはずです。
- 山田(やまだ)さんは今日出かけると言っていましたから留守(るす)のはずです。

단어 및 표현

- 頼(たの)む 부탁하다
- ゴミ捨(す)て場(ば) 쓰레기장
- 習(なら)う 배우다
- 留守(るす) 부재중, 집을 비움
- 俳優(はいゆう) 배우
- 働(はたら)く 일하다
- いっしょうけんめい 열심임
- 試験(しけん) 시험
- 値段(ねだん) 가격
- 合格(ごうかく)する 합격하다

연습 문제

1 文型

1 [　　　] の中の言葉を使って文を完成させなさい。

ないわけには	というより	はず

① 車だと遅(おく)れてしまうので、新幹線(しんかんせん)に乗ら (　　　　　) いかない。

② 8時に出た新幹線なら、今ごろ京都(きょうと)に着(つ)いている (　　　　　) です。

③ 新幹線はただの乗り物 (　　　　　)、旅(たび)の楽しみです。

④ 友だちの結婚式(けっこんしき)に行か (　　　　　) いかないので、新幹線のチケットを買いました。

2 [　　　] の中の言葉と (　　) の言葉を使って、文を完成させなさい。

～ないわけにはいかない	～というより	～はずだ

① 授業(じゅぎょう)を休んだ理由(りゆう)を聞かれたら、(話す → 　　　　　) だろう。

② 多くの人にとって、イヌは (ペット → 　　　　　)、家族です。

③ みんなに会いたいと言っていたから、松田(まつだ)さんもパーティーに (来る → 　　　　　) ですよ。

④ 兄には話していないので、このことは (知らない → 　　　　　) と思います。

2 言葉の使い方

1 ( ) の中の言葉を一つ選んで、適当な形にして ＿＿＿ に書きなさい。

急ぐ	正確だ	亡くなる	倒す	ただの

① 学校に遅刻(ちこく)しそうだったので、＿＿＿＿＿朝ごはんを食べました。

② 子どもがいすを＿＿＿＿＿てしまいました。

③ その有名な研究者(けんきゅうしゃ)は去年(きょねん)、90歳で＿＿＿＿＿ました。

④ この時計の時間は＿＿＿＿＿です。１秒も遅れていません。

2 次の言葉を使って ＿＿＿ の短文を作りなさい。

① 여행이나 일 때문에 **급할 때는 신칸센을 타지 않을 수 없을 것입니다.** (急(いそ)ぐ)

→ 旅行(りょこう)や仕事(しごと)で ＿＿＿＿＿＿＿＿＿＿＿＿＿＿＿＿＿＿＿＿。

② 신칸센은 아주 **시간을 잘 지키고 늦는 일이 거의 없습니다.** (時間、正確(せいかく)、ほとんど)

→ 新幹線(しんかんせん)はとても＿＿＿＿＿＿＿＿＿＿＿＿＿＿＿＿＿＿＿＿。

③ 신칸센은 **자동차나 비행기보다 안전할 것입니다.** (〜より、安全(あんぜん)だ)

→ 新幹線は＿＿＿＿＿＿＿＿＿＿＿＿＿＿＿＿＿＿＿＿。

④ 신칸센은 **단순한 교통수단이라기보다 여행의 한 가지 즐거움**이 되고 있을지도 모릅니다. (ただの、楽しみ)

→ 新幹線は＿＿＿＿＿＿＿＿＿＿＿＿＿＿＿＿になっているのかもしれません。

회화

다음은 본문과 관련된 회화입니다. 들으면서 빈칸을 채우세요.

038 mp3

A　ねえ、(❶　　　　　　)って乗ったことある？

B　うん、去年(きょねん)(❷　　　　　　)で大阪(おおさか)に行った時に乗ったよ。

A　どうだった？
(❸　　　　　　)の電車(でんしゃ)よりずっと(❹　　　　　　)って聞いたけど。

B　うん、すごく速いよ！ 東京(とうきょう)から大阪まで２時間半で着(つ)いたし、
時間に(❺　　　　　　)だから、１分も遅(おく)れなかったよ。

A　へー。僕も今度(こんど)、仕事(しごと)で(❻　　　　　　)時は新幹線(しんかんせん)を使おうっと。

B　いいと思う。しかも、新幹線は(❼　　　　　　)もほとんど
ないんだよ。

A　それは安心(あんしん)だね。早く家を出ても、事故(じこ)で電車が(❽　　　　　　)
こともあるからね。

B　あと、席(せき)も広いし、サービスも(❾　　　　　　)だから、
(❿　　　　　　)でゆっくりできたよ。

A　うわー、新幹線に乗るのが今から楽しみ！

20

マイナンバーカード

마이넘버카드

일본의 마이넘버카드를 본 적이 있나요?
마이넘버카드는 어떨 때 쓴다고 생각하나요?
마이넘버카드에 대해 읽어 봅시다.

주요 문형

～ようになる / ～として / ～かける

본문

039 mp3

日本ではマイナンバーといって、一人一人にちがう12ケタの番号が決められています。赤ちゃんからお年寄りまで、外国の人も含めて、日本に住民票があるすべての人にマイナンバーがあります。マイナンバーは自分だけの番号です。たとえば、結婚して名前が変わっても、引っ越して住所が変わっても、番号は一生変わりません。その人が亡くなった後でも、ほかの人に同じ番号を使われることはありません。

マイナンバーが書いてあるカードを「マイナンバーカード」といいます。マイナンバーカードは、プラスチックでできていて、ICチップがついています。カードの表面には、名前、住所、生年月日、性別、マイナンバーが書かれていて、顔写真もついています。マイナンバーカードはパスポートや運転免許証のように、本人を証明するカードとして使うことができます。また、多くの病院で健康保険証として使うこともできるようになりました。そして、このカードがあると、コンビニで住民票も取れるようになりました。

マイナンバーは自動で決められる番号ですが、マイナンバーカードは自動でもらえるわけではありません。自分で書類を準備して、申し込む必要があるのです。そして、カードができたら、自分が住んでいる市区町村の役所にもらいに行かないといけません。少し時間がかかるので、カードを申し込みかけて、途中でやめてしまったという人もいるそうです。

マイナンバーカードは大切な個人情報が書かれているので、しっかり管理する必要があります。もしカードをなくしてしまったり、だれかに番号を知られてしまったりしたら、市区町村の役所に相談しましょう。

독해 문제 다음 문장이 본문의 내용과 맞으면 ○, 다르면 ×표 하세요.

1 マイナンバーはすべての日本人に同じ(おな)番号(ばんごう)が決(き)められています。(　　)

2 マイナンバーカードの表面(ひょうめん)には、名前(なまえ)や性別(せいべつ)などが書かれています。(　　)

3 マイナンバーカードは紙でできています。(　　)

4 マイナンバーカードはだれでも自動(じどう)でもらうことができます。(　　)

5 マイナンバーカードができたので、運転免許証(うんてんめんきょしょう)はなくなりました。(　　)

단어 및 표현

- □ マイナンバー 마이넘버, 주민 번호
- □ お年寄り(としより) 노인
- □ 引っ越す(ひっこす) 이사하다
- □ 亡くなる(なくなる) 죽다
- □ ICチップ ic칩
- □ 生年月日(せいねんがっぴ) 생년월일
- □ パスポート 여권
- □ 本人(ほんにん) 본인
- □ 自動(じどう) 자동
- □ 申し込む(もうしこむ) 신청하다
- □ 役所(やくしょ) 관청, 관공서
- □ 個人情報(こじんじょうほう) 개인 정보
- □ 相談する(そうだん) 상담하다
- □ ケタ 자릿수
- □ 含む(ふくむ) 포함하다
- □ 住所(じゅうしょ) 주소
- □ プラスチック 플라스틱
- □ つく 붙다
- □ 性別(せいべつ) 성별
- □ 運転免許証(うんてんめんきょしょう) 운전면허증
- □ 証明する(しょうめい) 증명하다
- □ 書類(しょるい) 서류
- □ 必要(ひつよう) 필요
- □ 途中(とちゅう) 도중
- □ しっかり 단단히, 제대로
- □ 番号(ばんごう) 번호
- □ 住民票(じゅうみんひょう) 주민표
- □ 一生(いっしょう) 평생
- □ できる 되다, 이루어지다
- □ 表面(ひょうめん) 표면
- □ 顔写真(かおじゃしん) 얼굴 사진
- □ ～のように ~처럼
- □ 健康保険証(けんこうほけんしょう) 건강 보험증
- □ 準備する(じゅんび) 준비하다
- □ 市区町村(しくちょうそん) 시구정촌(일본의 행정 구역)
- □ やめる 그만두다
- □ 管理する(かんり) 관리하다

문형 연습

1 ～ようになる ~하게 되다

동사의 사전형에 붙어, 불가능한 상황에서 가능한 상황으로 또는 실행할 수 없는 상태에서 할 수 있는 상태로 변화하는 것을 나타낸다.

- 手術(しゅじゅつ)を受(う)けたら、足が動(うご)く**ようになりました**。
- 彼に話しかたを注意(ちゅうい)したら、敬語(けいご)を使う**ようになりました**。
- たくさん勉強(べんきょう)したので、日本語が話せる**ようになりました**。
- 練習(れんしゅう)を続けて、上手に運転(うんてん)できる**ようになりました**。

2 ～として ~로서

명사에 붙어 시각·입장·부류·명목 등의 의미를 나타낸다.

- ミョンドンは観光地(かんこうち)**として**人気(にんき)があります。
- 私は教師(きょうし)**として**、学生のことを大切(たいせつ)に思っています。
- この部屋は会議室(かいぎしつ)**として**使われています。
- 彼女は日本代表(だいひょう)**として**オリンピックに出ることになった。

3 ～かける ~하기 시작하다

「동사의 ます형」에 붙어 어떤 동작이나 사건이 도중이다, 끝나지 않았다는 의미를 나타낸다. 동작을 시작했지만, 완료하지 않아 아직 하고 있는 도중이라는 의미를 나타낸다.

・先生は何か言い**かけました**が、そのままだまってしまいました。

・赤(あか)ちゃんが眠(ねむ)り**かけました**が、車の音がして起(お)きてしまいました。

・あきらめ**かけた**時に、父の言葉(ことば)を思(おも)い出(だ)して、もう一度(いちど)がんばろうと思いました。

・テーブルの上に食べ**かけ**のケーキがあります。

단어 및 표현

- □ 手術(しゅじゅつ) 수술
- □ 練習(れんしゅう) 연습
- □ 教師(きょうし) 교사
- □ オリンピック 올림픽
- □ 思(おも)い出(だ)す 떠올리다
- □ 注意(ちゅうい)する 주의하다
- □ 運転(うんてん) 운전
- □ 会議室(かいぎしつ) 회의실
- □ だまる 말을 하지 않다, 입을 다물다
- □ 敬語(けいご) 경어
- □ 観光地(かんこうち) 관광지
- □ 代表(だいひょう) 대표
- □ 眠(ねむ)る 잠들다, 자다

연습 문제

1 文型

1 [　　　] の中の言葉を使って文を完成させなさい。

ように　　　として　　　かけ

① マイナンバーは自分だけの番号 (　　　　　) 決められている12ケタの番号です。

② マイナンバーカードがあれば、コンビニで住民票が取れる (　　　　　) なりました。

③ マイナンバーカードは本人を確認するためのカード (　　　　　) 使われています。

④ パソコンでカードを申し込み (　　　　　) ましたが、時間がなかったので、やめました。

2 [　　　] の中の言葉と (　　) の言葉を使って、文を完成させなさい。

～ようになる　　　～として　　　～かける

① 前はきゅうりが嫌いでしたが、今は (食べられる ➡　　　　　) ました。

② 大学に通う (学生 ➡　　　　　) 一番大切なことは、勉強することです。

③ メールを (書く ➡　　　　　) て、送るのを忘れてしまいました。

④ 最近、韓国ドラマをよく (見る ➡　　　　　) ました。

2 言葉の使い方

1 [　　] の中の言葉を一つ選んで、適当な形にして ＿＿＿＿ に書きなさい。

証明する	準備する	管理する	しっかり	安心する

① あなたの生年月日(せいねんがっぴ)を＿＿＿＿＿書類(しょるい)はありますか。

② パスワードをほかの人に知られないように、きちんと＿＿＿＿＿てください。

③ 声が聞こえないように、ドアを＿＿＿＿＿閉(し)めてください。

④ 明日から旅行(りょこう)に行くのに、まだ何も＿＿＿＿＿いません。

2 次の言葉を使って ＿＿＿＿ の短文を作りなさい。

① 일본에서는 '마이넘버'라고 해서, **한 사람 한 사람에게 다른 12자리 번호**가 정해져 있습니다. (ケタ、番号(ばんごう))

→ 日本ではマイナンバーといって、＿＿＿＿＿＿＿＿＿＿＿＿＿＿＿が決(き)められています。

② 마이넘버카드는 **플라스틱으로 되어 있고, IC칩이 붙어 있습니다**. (プラスチック、ICチップ、つく)

→ マイナンバーカードは＿＿＿＿＿＿＿＿＿＿＿＿＿＿＿。

③ 카드 앞면에는 **이름, 주소, 생년월일, 성별, 마이넘버가 적혀 있고**, 얼굴 사진도 붙어 있습니다. (生年月日(せいねんがっぴ)、性別(せいべつ))

→ カードの表面(ひょうめん)には、＿＿＿＿＿＿＿＿＿＿＿＿＿＿＿、顔写真(かおじゃしん)もついています。

④ **시간이 걸리기 때문에, 카드를 신청하다가** 그만둬 버린 사람도 있다고 합니다. (かかる、申(もう)し込(こ)む)

→ ＿＿＿＿＿＿＿＿＿＿＿＿＿＿＿やめてしまったという人もいるそうです。

회화

다음은 본문과 관련된 회화입니다. 들으면서 빈칸을 채우세요.

040 mp3

A　けんくん、マイナンバーカードって、もう作った？

B　うん。去年(きょねん)作ったよ。アルバイトを始(はじ)める時、本人確認(ほんにんかくにん)の書類(しょるい) (❶　　　　　　) 使ったんだ。

A　カードには何が書いてあるの？ (❷　　　　　　) がついてるって本当？

B　うん、ついてるよ。それに、(❸　　　　　　) には、名前(なまえ)とか生年月日(せいねんがっぴ)とかが書いてあって、(❹　　　　　　) もついてるよ。病院(びょういん)でも健康保険証(けんこうほけんしょう)の代(か)わりに使える (❺　　　　　　) んだよね。

A　へえ、知らなかった。それなら私もほしいな。でも、ネットで作るのがめんどうで。

B　僕も最初(さいしょ)はネットで申(もう)し込(こ)み (❻　　　　　　) けど、途中(とちゅう)でやめちゃった。結局(けっきょく)、書類を (❼　　　　　　)、市役所(しやくしょ)に行って作ったよ。

A　ところで、マイナンバーって、みんな同(おな)じなの？

B　ううん。マイナンバーの (❽　　　　　　) の番号(ばんごう)は、一人一人ちがうんだって。結婚(けっこん)しても、(❾　　　　　　) ても、変(か)わらないらしいよ。

A　じゃあ、なくしたら大変(たいへん)だね。

B　そう。でも、なくした時は、市区町村(しくちょうそん)に言えば番号を変えることもできるんだって。

A　知らなかった。じゃあ、今度(こんど) (❿　　　　　　) みようかな。

부록

- 독해문제 정답
- 연습문제 정답
- 회화 괄호 넣기 정답

1 自転車

독해 문제

1 ○

2 ×

3 ○

4 ×

5 ×

연습문제

1 문형

1 ① いくら
② なければ
③ ず
④ いくら

2 ① 勉強(べんきょう)しなければなり
② いくら働(はたら)いても
③ 使わずに
④ いくら言っても

2 단어의 쓰임새

1 ① かかり
② 守(まも)ら
③ 押(お)し
④ つけ

2 ① 自転車(じてんしゃ)に乗ると運動(うんどう)になる
② かぶらずに自転車で走って転(ころ)んだら
③ つけずに走(はし)ると、人や車が見(み)えなくて
④ いくら注意(ちゅうい)しても、人が多い場所(ばしょ)で自転車に乗るのは

회화

① 自転車
② 便利(べんり)
③ かからない
④ 運動
⑤ 危(あぶ)ない
⑥ つけず
⑦ 見えない
⑧ 転(ころ)んだら
⑨ ルール
⑩ 安全(あんぜん)

2 大阪

독해 문제

1 ×

2 ○

3 ○

4 ×

5 ○

연습문제

1 문형

1 ① ばかり
② ことができ
③ ほど
④ ことができ

2 ① 兄ほど高くない
② ゲームばかり
③ 書くことができ
④ プサンほど暑くない

2 단어의 쓰임새

1 ① 小麦粉(こむぎこ)
② サンプル
③ もともと
④ キャラクター

2 ① 約２時間半で大阪(おおさか)に着きます
② サンプルは食べることができません
③ 以前(いぜん)は映画(えいが)のキャラクターばかりでしたが
④「お笑(わら)い」の本場(ほんば)だといわれるようになりました

회화

① 飛行機(ひこうき)

② 約(やく)

③ ほど

④ 遊園地(ゆうえんち)

⑤ 小麦粉(こむぎこ)

⑥ 原料(げんりょう)

⑦ サンプル

⑧ お笑(わら)い

⑨ もともと

⑩ 舞台(ぶたい)

3 花見

독해 문제

1 ○

2 ○

3 ○

4 ×

5 ×

연습문제

1 문형

1 ① ことがある

② すぎる

③ ことがある

④ だけ

2 ① 見たことがあり

② きたなすぎる

③ 3ページだけ

④ 寝(ね)すぎ

2 단어의 쓰임새

1 ① 残(のこ)っ

② 楽しみ

③ 待ち

④ 予想(よそう)し

2 ① 計画(けいかく)は早く立てないといけません

② 桜(さくら)の下でお弁当(べんとう)を食べたりお酒を飲んだりします

③ ３月に卒業式(そつぎょうしき)があって、４月に入学式(にゅうがくしき)や入社式(にゅうしゃしき)があります

④ 捨(す)てて帰る人がいて、毎年問題(まいとしもんだい)になります

회화

① 春

② 咲(さ)く

③ 発表(はっぴょう)された

④ 計画(けいかく)

⑤ 散(ち)る

⑥ 入学式(にゅうがくしき)

⑦ お弁当(べんとう)

⑧ ライトアップされて

⑨ 夜桜(よざくら)

⑩ 楽(たの)しもう

4 バス

독해 문제

1 ×

2 ×

3 ○

4 ×

5 ○

연습문제

1 문형

1 ① ても

② か

③ てみる

④ ても

2 ① いつか

② 食べてみ

③ 遅くても

④ 飲んでも

2 단어의 쓰임새

1 ① ずつ

② 遅(おく)れ

③ 重要(じゅうよう)な

④ 通って

2 ① どこまで乗っても料金(りょうきん)が同(おな)じです

② バスの料金はどんどん高くなります

③ 次のバスが何時に来るかわかります

④ バスが止まるまで立ってはいけません

회화

① ちがい

② ちがう

③ 乗りかた

④ 地域(ちいき)

⑤ 料金(りょうきん)

⑥ 距離(きょり)

⑦ どんどん

⑧ 現金(げんきん)

⑨ カード

⑩ 払(はら)う

5 着物と浴衣

독해 문제

1 ×

2 ○

3 ×

4 ○

5 ○

연습문제

1 문형

1 ① てはいけ

② にくい

③ かもしれない

④ にくい

2 ① 読みにくい

② 行けないかもしれ

③ 忘(わす)れてはいけない

④ 見てはいけない

2 단어의 쓰임새

1 ① もともと

② 薄(うす)い

③ 洗(あら)っ

④ 貸(か)し

2 ① 特別(とくべつ)な日に着(き)ることが多いです

② 「着物(きもの)を着ていると、歩(ある)きにくい」、「着物は重(おも)くて洗いにくい」

③ 模様(もよう)で、季節(きせつ)を楽(たの)しむことができます

④ 着る順番(じゅんばん)なども決(き)まっているので、一人では着にくいかもしれません

회화

① 浴衣(ゆかた)

② 花火大会(はなびたいかい)

③ 布(ぬの)

④ 薄(うす)い

⑤ もともと

⑥ 入浴(にゅうよく)

⑦ 貸(か)して

⑧ 旅行客(りょこうきゃく)

⑨ 特別(とくべつ)

⑩ 伝統的(でんとうてき)

6 すし

독해 문제

1 ○

2 ○

3 ○

4 ○

5 ×

연습문제

1 문형

1 ① やすい
② られ
③ でも
④ やすい

2 ① 見られ
② わかりやすい
③ いつでも
④ 話され

2 단어의 쓰임새

1 ① 音
② 種類(しゅるい)
③ 気軽(きがる)に
④ のせ

2 ① 何が一番(いちばん)好きですか
② すしの値段(ねだん)が高くなりました
③ すし屋(や)が日本中(にほんじゅう)にたくさんあります
④ 急(いそ)いでいる時でも食べやすいです

회화

① 回転(かいてん)すし
② 高い
③ 店(みせ)
④ 種類(しゅるい)
⑤ 人気(にんき)
⑥ もともと
⑦ 屋台(やたい)
⑧ 気軽(きがる)に
⑨ 戦争(せんそう)
⑩ 一度(いちど)

7 部活動

독해 문제

1 ×

2 ×

3 ×

4 ○

5 ○

연습문제

1 문형

1 ① なくてもいい
② ために
③ ほうがいい
④ なくてもいい

2 ① 買うために
② 使わなくてもいい
③ 帰ったほうがいい
④ 就職(しゅうしょく)のために

2 단어의 쓰임새

1 ① 経験(けいけん)
② 応援(おうえん)し
③ 伸(の)ばす
④ 関心(かんしん)

2 ① 全員(ぜんいん)がしなくてもいいです
② 部活動(ぶかつどう)でいろいろな経験(けいけん)をしたほうがいい
③ 試合(しあい)やコンクールのために、毎日夜まで練習(れんしゅう)する
④ 日本中の多くの人が関心(かんしん)を持って応援(おうえん)します

회화

① 部活動(ぶかつどう)
② 練習(れんしゅう)
③ 経験
④ 後輩(こうはい)

⑤ 試合(しあい)

⑥ 先輩(せんぱい)

⑦ 乗って

⑧ 演劇(えんげき)

⑨ ボランティア

⑩ 10代(だい)

8 駅弁

독해 문제

1 ○

2 ○

3 ×

4 ×

5 ×

연습문제

1 문형

1 ① し

② 買える

③ ている

④ し

2 ① 読める

② 住んでいる

③ ないし, 遅(おそ)いし

④ 着られる

2 단어의 쓰임새

1 ① 時々(ときどき)

② 集(あつ)まっ

③ ごと

④ 見え

2 ① 外(そと)に持っていけるように、ごはんやおかずを容器(ようき)に入(い)れた

② お弁当(べんとう)を買ってきて、家で食べることもあります

③ その地方(ちほう)まで行かないと食べられない

④ 北海道(ほっかいどう)の名物(めいぶつ)の一つとなっています

회화

① お弁当

② おかず

③ 種類(しゅるい)

④ デパート

⑤ 習慣(しゅうかん)

⑥ 駅弁(えきべん)

⑦ イカ

⑧ 名物

⑨ 地方

⑩ 有名(ゆうめい)

9 お風呂

독해 문제

1 ○

2 ○

3 ×

4 ○

5 ×

연습문제

1 문형

1 ① しまう

② まま

③ しまう

④ おわる

2 ① 休んだまま

② 死んでしまい

③ 作りおわって

④ 壊(こわ)れてしまい

2 단어의 쓰임새

1 ① きたなく

② 別々(べつべつ)に

③ ためて

④ 残(のこ)って

2 ① 日本人はお風呂(ふろ)が好きだといわれますが

② お湯(ゆ)がきたなくなって、冷(つめ)たくなってしまう

③ 洗(あら)い場(ば)で体をきれいに洗ってから湯船(ゆぶね)に入ります

④ 今も残ったままになっています

회화

① 温泉(おんせん)

② 入り

③ お風呂(ふろ)

④ お湯(ゆ)

⑤ ためて

⑥ 同(おな)じ

⑦ きたない

⑧ 洗って

⑨ きたなくない

⑩ お風呂屋(ふろや)

10 ことわざ

독해 문제

1 ○

2 ×

3 ○

4 ×

5 ○

연습문제

1 문형

1 ① も

② という

③ はずがない

④ という

2 ① ３時間も

② つくはずがない

③ やめるという

④ できるはずがない

2 단어의 쓰임새

1 ① 調(しら)べて

② がまんし

③ むだ

④ 結果(けっか)

2 ① ことわざには、動物(どうぶつ)がよく出てきます

② 価値(かち)がわからない人にいいものをあげてもむだだ

③ かならずいつかいいことがあります

④ 日本語の勉強(べんきょう)もあきらめずに続(つづ)けていけば

회화

① 同じ

② ネコ

③ 小判(こばん)

④ 意味(いみ)

⑤ 価値(かち)

⑥ つらい

⑦ がまんして

⑧ 努力(どりょく)

⑨ むだ

⑩ 大切(たいせつ)

11 夏祭り

독해 문제

1 ×

2 ×

3 ○

4 ×

5 ○

연습문제

1 문형

1 ① てくる

② てもいい

③ てもいい

④ かた

2 ① 休んでもいい

② 書きかた

③ 行ってくる

④ 使ってもいい

2 단어의 쓰임새

1 ① イベント

② 集まっ

③ 合わせ

④ 開こ

2 ① おどりかたを知らなくても、周りの人に合わせて

② 移動することができて、屋根がある小さなお店

③ たいこや歌に合わせて、みんなで丸くなって

④ とてもにぎやかで楽しいイベントです

회화

① 祭り

② 気温

③ 屋台

④ かき氷

⑤ 盆おどり

⑥ たいこ

⑦ おどりかた

⑧ 合わせて

⑨ 感じる

⑩ 花火

12 結婚式

독해 문제

1 ×

2 ×

3 ×

4 ○

5 ○

연습문제

1 문형

1 ① だす

② なくても

③ かどうか

④ なくても

2 ① 知らなくてもかまわない

② 好きかどうか

③ 話しだす

④ 使えるかどうか

2 단어의 쓰임새

1 ① 行われ

② おどり

③ 切り

④ 着替えた

2 ① 何色でもいいですが、白だけは着てはいけません

② 結婚式に行けるかどうか、かならず返事をする

③ 招待された人が自分でほしいものを選べる

④ 新郎や新婦がおどりだす

회화

① 結婚式

② 返事

③ マナー

④ ドレス

⑤ 招待(しょうたい)された
⑥ だけ
⑦ 新婦(しんぷ)
⑧ 行事(ぎょうじ)
⑨ おどったり
⑩ 思(おも)い出(で)

13 新紙幣

독해 문제

1 ○
2 ×
3 ×
4 ○
5 ×

연습문제

1 문형

1 ① ことになり
② ようと
③ より
④ ことになり

2 ① 行くことになり
② 使おう
③ 新幹線(しんかんせん)は電車(でんしゃ)より
④ 出よう

2 단어의 쓰임새

1 ① 治(なお)し
② 描(か)く
③ 残(のこ)って
④ 助(たす)けて

2 ① 約(やく)20年に1回、新しいお札(さつ)が作られることになっています
② 原因(げんいん)がわからない病気(びょうき)が流行(りゅうこう)して、たくさんの人が亡(な)くなりました
③ 女の人の教育(きょういく)を変(か)えようとしました
④ 東京駅(とうきょうえき)の建物(たてもの)に使われているレンガを作った

회화

① お札(さつ)
② 千円札(せんえんさつ)
③ 流行
④ 病気
⑤ 留学(りゅうがく)
⑥ 教育
⑦ 一万円札(いちまんえんさつ)
⑧ 銀行(ぎんこう)
⑨ 使われる
⑩ より

14 出前

독해 문제

1 ○
2 ○
3 ○
4 ○
5 ×

연습문제

1 문형

1 ① に
② そう
③ ておく
④ そう

2 ① あったそう
② 1週間に3回
③ 覚(おぼ)えておいて
④ 予約(よやく)しておき

2 단어의 쓰임새

1 ① 増(ふ)えて
② 配達(はいたつ)して
③ 先(さき)に
④ できあがっ

2 ① 先に予約(よやく)をしておくことが必要(ひつよう)です
② 何か食べたいけれど、外(そと)には出たくない時に、出前(でまえ)を利用(りよう)する
③ 家族や友達が集(あつ)まることが多い週末(しゅうまつ)やクリスマス、年末年始(ねんまつねんし)などにも
④ 出前は手軽(てがる)で便利(べんり)なサービスです

회화

① 出前(でまえ)
② そば
③ 注文(ちゅうもん)しよう
④ 量(りょう)
⑤ できあがる
⑥ 配達(はいたつ)して
⑦ サービス
⑧ 予約(よやく)
⑨ 週末(しゅうまつ)
⑩ 集(あつ)まった

15 歩きスマホ

독해 문제

1 ×
2 ○
3 ×
4 ○
5 ○

연습문제

1 문형

1 ① つづける
② せる
③ せられ
④ せる

2 ① 休ませ
② 飲ませられ
③ 話しつづけ
④ 勉強させられ

2 단어의 쓰임새

1 ① 気づき
② はね
③ ぶつから
④ 起(お)こり

2 ① 動画(どうが)を見たり、メールを読んだり、地図(ちず)を調(しら)べたりしたくなる
② スマートフォンを見つづけると、前がよく見えません
③ 歩いている人にぶつかって、その人を死なせてしまう事故(じこ)が起(お)きました
④ みんなに意識(いしき)させるように

회화

① 危(あぶ)ない
② ぶつかる
③ ホーム
④ はねられる
⑤ 事故(じこ)
⑥ ふせぐ
⑦ 禁止(きんし)
⑧ 注意(ちゅうい)
⑨ 意識(いしき)
⑩ 減(へ)る

16 消費税

독해 문제

1 ×

2 ×

3 ○

4 ○

5 ×

연습문제

1 문형

1 ① たがる
② さ
③ のです
④ さ

2 ① あげているのだ
② 乗りたがって
③ 会いたがって
④ 暑(あつ)さ

2 단어의 쓰임새

1 ① 払わ
② 充実(じゅうじつ)し
③ 代(か)わりに
④ 上げ

2 ① 消費税(しょうひぜい)を払いたがらない人もいます
② 消費税(しょうひぜい)を入れた価格(かかく)で表示(ひょうじ)することになりました
③ 小学校から大学院(だいがくいん)まで無料(むりょう)です
④ 税率(ぜいりつ)は高いですが、教育(きょういく)や医療(いりょう)などの

회화

① 消費税(しょうひぜい)
② 払(はら)わない
③ 負担(ふたん)
④ イギリス
⑤ 代(か)わりに
⑥ 無料(むりょう)
⑦ スウェーデン
⑧ 充実(じゅうじつ)した
⑨ かかる
⑩ 上がる

17 サルカニ合戦

독해 문제

1 ×

2 ×

3 ○

4 ○

5 ○

연습문제

1 문형

1 ① ことに
② やる
③ 育(そだ)て
④ ことに

2 ① 電話しろ
② ダイエットすることにし
③ やらなけれ
④ 始(はじ)めることにし

2 단어의 쓰임새

1 ① 落(お)ち
② 暮(く)らし
③ すべら
④ かくれ

2 ① 食べるとなくなるけど、柿(かき)の種(たね)は、ずっと実(み)がなります
② 高いので、カニは実がとれません
③ 木に登(のぼ)っておいしい実をぜんぶ食べました
④ びっくりして玄関(げんかん)から出ようとしたら

회화

① おにぎり

② 柿(かき)の種(たね)

③ 交換(こうかん)して

④ 育(そだ)て

⑤ なった

⑥ 投(な)げて

⑦ 死んじゃう

⑧ こらしめ

⑨ けが

⑩ 反省(はんせい)する

18 ハッピーマンデー

독해 문제

1 ○

2 ×

3 ×

4 ○

5 ×

연습문제

1 문형

1 ① でしょう

② のに

③ としたら

④ でしょう

2 ① あるとしたら

② 勝(か)つでしょう

③ あるのに

④ 怒(おこ)っているとしたら

2 단어의 쓰임새

1 ① 重(かさ)なっ

② 大事(だいじ)

③ おどろい

④ 増(ふ)やす

2 ① 祝日(しゅくじつ)を月曜日(げつようび)にして、連休(れんきゅう)を増やす制度(せいど)です

② 成人(せいじん)の日は、3日間の連休(れんきゅう)になります

③ 増(ふ)えたので、ゆっくり休むことができます

④ 子どもの日が日曜日(にちようび)だったら、次(つぎ)の月曜日も休み

회화

① 海(うみ)の日(ひ)

② 祝日(しゅくじつ)

③ 連休(れんきゅう)

④ うれしい

⑤ 重なった

⑥ ゆっくり

⑦ たとえば

⑧ ハッピーマンデー

⑨ 制度(せいど)

⑩ 大事(だいじ)

19 新幹線

독해 문제

1 ○

2 ×

3 ○

4 ×

5 ○

연습문제

1 문형

1 ① ないわけには

② はず

③ というより

④ ないわけには

2 ① 話さないわけにはいかない

② ペットというより

③ 来るはず
④ 知らないはずだ

2 단어의 쓰임새

1 ① 急いで
② 倒し
③ 亡くなり
④ 正確

2 ① 急いでいる時は、新幹線に乗らないわけにはいかないでしょう
② 時間に正確で、遅れることがほとんどありません
③ 車や飛行機より安全なはずです
④ ただの乗り物というより、旅行の一つの楽しみ

회화

① 新幹線
② 旅行
③ 普通
④ 速い
⑤ 正確
⑥ 急ぐ
⑦ 事故
⑧ 遅れる
⑨ ていねい
⑩ 車内

20 マイナンバーカード

독해 문제

1 ×
2 ○
3 ×
4 ×
5 ×

연습문제

1 문형

1 ① として
② ように
③ として
④ かけ

2 ① 食べられるようになり
② 学生として
③ 書きかけ
④ 見るようになり

2 단어의 쓰임새

1 ① 証明する
② 管理し
③ しっかり
④ 準備し

2 ① 一人一人にちがう12ケタの番号
② プラスチックでできていて、ICチップがついています
③ 名前、住所、生年月日、性別、マイナンバーが書かれていて
④ 時間がかかるので、カードを申し込みかけて

회화

① として
② ICチップ
③ 表面
④ 顔写真
⑤ ようになった
⑥ かけた
⑦ 準備して
⑧ 12ケタ
⑨ 引っ越し
⑩ 申し込んで

MEMO

MEMO

2nd Edition 다락원

일본어 독해 초급

지은이 古賀万紀子・青木優子
펴낸이 정규도
펴낸곳 (主)다락원

1판 1쇄 발행 2012년 8월 17일
2판 1쇄 발행 2026년 1월 30일

편집장 송화록
편집 이지현, 임혜련
디자인 장미연(표지), 이다래

다락원 경기도 파주시 문발로 211
내용문의: (02)736-2031 내선 460~465
구입문의: (02)736-2031 내선 250~252
Fax: (02)732-2037
출판등록 1977년 9월 16일 제406-2008-000007호

ISBN 978-89-277-1323-4 14730
978-89-277-1322-7 (set)

http://www.darakwon.co.kr

- 다락원 홈페이지를 방문하시면 상세한 출판 정보와 함께 동영상 강좌, MP3 자료 등 다양한 어학 정보를 얻으실 수 있습니다.
- 독해 본문 및 회화 해석, MP3는 다락원 홈페이지 학습자료실에서 다운로드 받으실 수 있습니다.